महादेवी

प्रतिनिधि कविताएँ

महादेवी
प्रतिनिधि कविताएँ

भूमिका

डॉ. शिवमंगल सिंह 'सुमन'

संकलन-सम्पादन

डॉ. रामजी पाण्डेय

वाणी प्रकाशन ग्रुप

भारतीय ज्ञानपीठ

वाणी प्रकाशन : भारतीय ज्ञानपीठ की पुस्तकों के एकमात्र प्रकाशक एवं वितरक

पेपरबैक चौदहवाँ संस्करण : 2019
पेपरबैक पन्द्रहवाँ संस्करण : 2024

लोकोदय ग्रन्थमाला : ग्रन्थांक 432

प्रकाशक
वाणी प्रकाशन ग्रुप
4695, 21-ए, दरियागंज, नयी दिल्ली-110 002
फ़ोन : 011-23273167, 23275710
ईमेल : sales@vaniprakashan.in

ISBN : 978-93-6287-791-8

महादेवी : प्रतिनिधि कविताएँ
(कविता)
सम्पादक : डॉ. रामजी पाण्डेय

Mahadevi : Pratinidhi kavitayein
(Poems)
Editeds by Dr. Ramji Pandey

मुद्रक : आर. टेक ऑफ़सेट प्रिंटर्स, दिल्ली-110 032

आवरण-चित्र : अशोक भौमिक

Price : INR. 495

अप्रतिहत आराधना की अमर ज्योति : महीयसी महादेवी

पुजारी, दीप कहीं सोता है!
जो दृग दानों के आभारी
उर वरदानों के व्यापारी,
जिन अधरों पर काँप रही हैं
अनमाँगी भिक्षाएँ सारी,
वे थकते, हर साँस सौंप देने को यह रोता है।

(दीपशिखा, गीत क्र. 45)

अप्रतिहत आराधना की वेदी पर प्रत्येक साँस न्यौछावर कर देने के लिए आतुर महिमामयी महादेवी का समस्त जीवन मन्दिर की आरती के समान देव के प्रति समर्पित है। वे स्नेह, मैत्री और करुणा की कवि हैं, मधुर-मधुर जलनेवाले दीपक के समान, युगयुग, प्रतिक्षण, प्रतिपल, प्रियतम का पथ आलोकित करने के लिए आकुल। उन्होंने अपने समस्त जीवन को दीपशिखा के समान प्रज्वलित कर युग की देहरी पर ऐसे रख दिया है कि भीतर और बाहर दोनों ओर उजियारा हो रहा है। अपनी रहस्यवादी अभिव्यक्ति को परिभाषित करते हुए उन्होंने लिखा है कि—उसने परा विद्या की अपार्थिवता ली, वेदान्त के अद्वैत की छायामात्र ग्रहण की, लौकिक प्रेम से तीव्रता उधार ली और इन सबको कबीर के सांकेतिक दाम्पत्यभाव सूत्र में बाँधकर एक निराले स्नेह-सम्बन्ध की सृष्टि कर डाली, जो मनुष्य के हृदय को आलम्बन दे सका, पार्थिव प्रेम के ऊपर उठा सका तथा मस्तिष्क को हृदयमय और हृदय को मस्तिष्कमय बना सका। उनके अनुसार, सत्य काव्य का साध्य और सौन्दर्य साधन है।

श्रीमती महादेवी वर्मा का जन्म उत्तरप्रदेश के फ़र्रुख़ाबाद जनपद में, होली के पुण्य पर्व पर फाल्गुन पूर्णिमा की आह्लादमयी वेला में सन् 1907 में हुआ था। बचपन

से ही छन्द में बोलने की आपकी विलक्षण प्रतिभा थी। प्रारम्भ आपने ब्रजभाषा में समस्यापूर्ति से किया। जब आप 7-8 वर्ष की थीं तो पण्डितजी ने राधा द्वारा कृष्ण से बाँसुरी माँगने का प्रसंग समझाकर 'बोलिहैं नाहीं' समस्या की पूर्ति करने को कहा, आपने इस रूप में उसकी पूर्ति की–

मन्दिर के पट खोलत का
ये देवता तो दृग खोलिहैं नाहीं;
प्रानन में नित बोलत हैं
पुनि मन्दिर में ये बोलिहैं नाहीं।

इस पर पण्डितजी देवता के प्रति इनकी उद्दण्डता पर रुष्ट हो गये। दसवें वर्ष में प्रवेश करते-करते मैथिलीशरण गुप्त की सद्यःप्रकाशित 'भारत-भारती' में ऐसी रम गयीं कि इनकी सर्जना की धारा ही बदल गयी। पण्डितजी द्वारा प्रदत्त, 'मेघ बिना जल वृष्टि हुई है' समस्या पर जब इन्होंने आशुकवित्व के रूप में तत्क्षण सुना दिया कि–

हाथी न अपनी सूँड़ में यदि नीर भर लाता अहो!
तो किस तरह बादल बिना जल-वृष्टि हो सकती, कहो?

तो ब्रज की माधुरी में पगे पण्डितजी, 'अहो, कहो' की तुक सुनकर चौंक पड़े और झल्लाकर बोले–"अरे! ये तो यहाँ भी आ धमके।" फिर तो सिलसिला चल पड़ा और ग्यारह वर्ष की आयु में आपने 'दिया' नाम से खड़ी बोली में प्रथम रचना की। तेरहवें में प्रवेश करते-करते सौ छन्दों में एक करुण कथा का खण्ड-काव्य तथा अबला, विधवा, माँ भारती आदि के रूप में कविताएँ निर्झर के स्वप्नभंग की भाँति अनेक धाराओं में फूट पड़ीं। आपकी प्रथम प्रौढ़ रचना 'चाँद' के प्रथम अंक सन् 1922 में प्रकाशित हुई। राष्ट्र के जीवन में वह अभूतपूर्व उन्मेष का काल था जिसमें सांस्कृतिक जागरण के साथ राष्ट्रीय उत्सर्ग की भावना का ज्वार भी चारों ओर उमड़ रहा था। गाँधी जी के असहयोग आन्दोलन से प्रभावित होकर आपने उन पर एक जोशीली कविता लिख डाली, जिस पर आपको प्रथम पुरस्कार के रूप में चाँदी का नक्काशीदार कटोरा मिला। जब गाँधी जी सन् 1922 में इलाहाबाद आये तो उन्हें कविता सुनाने की उमंग में आनन्दभवन पहुँच गयीं और उन पर लिखी प्रशस्ति के साथ पुरस्कार के रूप में प्राप्त कटोरा भी प्रस्तुत कर दिया। गाँधी जी ने कविता-अविता तो कुछ सुनी नहीं, इन्हें प्यार से थपथपाते हुए वह कटोरा और हड़प लिया। महादेवी जी के अनुसार, उन्होंने चाहे कविता न सुनी हो, पर उनका स्पर्श ही ऐसी अन्तःप्रेरणा दे गया कि गंगोत्री के स्रोत के समान नीहार, रश्मि, नीरजा की दुःख से आविल, सुख से पंकिल अजस्र धारा इनके मानस से फूट पड़ी। जब

सन् 1935 में इन्दौर के अखिल भारतीय हिन्दी साहित्य सम्मेलन में गाँधी जी ने इन्हें उस समय की सर्वोच्च नारी लेखिका के रूप में नामित 'मंगलाप्रसाद पुरस्कार' प्रदान किया तो उन्हें सन् 1922 की कटोरेवाली बालिका की याद हो आयी और उन्होंने बड़े प्यार से इनके मस्तक पर अपना हाथ रख दिया, जिसे देखकर दर्शकगण भी भाव-विमुग्ध हो उठे जैसे "प्रभु कर-पंकज कपि के सीसा। सुमिरि सो दसा मगन गौरीसा" की उद्धरणी घटित हो गयी हो। विगत 18 मई, 1983 को प्रधानमन्त्री इन्दिरा गाँधी के हाथों 'भारत-भारती पुरस्कार' प्राप्त करते समय महादेवीजी ने बड़े भावभीने शब्दों में उक्त घटना का उल्लेख करते हुए कहा था–"गाँधी जी के हाथों पुरस्कार प्राप्त करने के पश्चात् मुझे अन्य किसी पुरस्कार के प्रति विशेष आकांक्षा नहीं रह गयी थी। अतएव मैं उनकी पावन स्मृति में कृतज्ञतापूर्वक यह पुरस्कार न्यास को समर्पित करती हूँ, जिसके द्वारा अभावग्रस्त प्रतिभाशील सर्जकों का श्रमहार कर सकने में यह सार्थक हो सके।" बचपन से ही बुद्ध की करुणा की ओर आपका विशेष झुकाव रहा है और बी.ए. पास करते-करते तो आपने भिक्षुणी बनने का भी निश्चय कर लिया था। परन्तु जब आप बौद्ध महास्थविर से दीक्षा लेने पहुँचीं तो पंखे की ओट करके बातें करते देख इनका नारी-सुलभ स्वाभिमान प्रदीप्त हो उठा कि जिसका अपनी इन्द्रियों के संयम पर इतना भी विश्वास नहीं, वह मुझे दीक्षा क्या देगा? इस घटना से भिक्षुणी के बाह्य वेश से तो ये वंचित रह गयीं पर इनकी आत्मा में बुद्ध के दुःखवाद की अमिट छाप बनी रही। उन्हीं के शब्दों में–"बचपन से ही भगवान बुद्ध के प्रति एक भक्तिमय अनुराग होने के कारण उनके संसार को दुःखात्मक समझनेवाले दर्शन से मेरा असमय ही परिचय हो गया था। अवश्य ही इस दुःखवाद को मेरे हृदय में एक नया जन्म लेना पड़ा परन्तु आज तक उसमें पहले जन्म के कुछ संस्कार विद्यमान हैं जिनसे मैं उसे पहचानने में भूल नहीं कर पाती। दुःख मेरे निकट जीवन का ऐसा काव्य है जो संसार को एक सूत्र में बाँध रखने की क्षमता रखता है। हमारे असंख्य सुख हमें चाहे मनुष्यता की पहली सीढ़ी तक भी न पहुँचा सकें, किन्तु हमारा एक बूँद आँसू भी जीवन को अधिक मधुर, अधिक उर्वर बनाये बिना नहीं गिर सकता। मनुष्य सुख को अकेला भोगना चाहता है, परन्तु दुःख सबको बाँटकर विश्व-जीवन में अपने जीवन को, विश्व-वेदना में अपनी वेदना को, इस प्रकार मिला देना जिस प्रकार एक जल-बिन्दु समुद्र में मिल जाता है, कवि का मोक्ष है।"

महादेवी का समस्त साहित्य आस्था, उपासना और उत्सर्ग का साहित्य है। नीहार, रश्मि, नीरजा, सान्ध्यगीत और दीपशिखा उनकी मंगलमय यात्रा के ज्योतिर्मय चरण-चिह्न हैं। नीहार के धुँधलके में उनका प्रथम प्रवेश विसर्जन के ही आधार पर हुआ था। उनके अनुसार उनकी सबसे पुरानी रचना सम्भवतः 'उस पार' है–

विसर्जन ही है कर्णाधार
वही पहुँचा देगा उस पार।

प्रत्यूष में स्फुटित कमलों की कषाय गन्ध के साथ मिलन की मादक स्मृतियों के संकेतों का संचरण बड़ा सम्मोहक है–

कैसे कहती हो सपना है
अलि! उस मूक मिलन की बात?
भरे हुए अब तक फूलों में
मेरे आँसू, उनके हास।

प्रेमी के सर्वात्म समर्पण की तुलना में अमरता को सदा तुच्छ ठहराया गया है। 'सगुणोपासक मोक्ष न लेहीं' में भक्ति की इसी मर्यादा को गोस्वामी जी ने प्रतिष्ठित किया है–

क्या अमरों का लोक मिलेगा
तेरी करुणा का उपहार?
रहने दो हे देव! अरे,
यह मेरा मिटने का अधिकार।

'नीहार' की रचनाएँ 1924 से 1928 के बीच की हैं जिनमें प्रणय-पुलक का प्रथम स्पर्श सृष्टि की रागात्मकता से एकात्मक होता प्रतीत होता है–

आँखों में रात बिता जब
विधु ने पीला मुख फेरा
आया फिर चित्र बनाने
प्राची में प्रात चितेरा

इन ललचायी पलकों पर
पहरा था जब व्रीडा का
साम्राज्य मुझे दे डाला
उस चितवन ने पीड़ा का।

सृष्टि के कण-कण में व्याप्त संवेदन की यह प्रतीति अपनी सूक्ष्मता एवं सुकुमारता में मर्मस्पर्शी हो उठी है–

कन-कन में बिखरी सोती है
अब उनके जीवन की प्यास

जगा न दे हे दीप, कहीं
उसको तेरा यह क्षीण प्रकाश।

दीपक के क्षीण प्रकाश से उनींदे प्रिय के जाग जाने की आशंका बरबस मीर तक़ी 'मीर' की याद दिला देती है—

सरहाने मीर के आहिस्ता बोलो,
अभी टुक रोते-रोते सो गया है!

इस समय तक भावना के व्योम में रवीन्द्रनाथ स्पन्दित हो उठे थे। और बाउलों के गीतों की सहज अभिव्यक्ति मलय-पवन की भारवाही गन्ध के समान संचरित होने लगी थी। गंगाराम जैसे बाउल सन्तों की वाणी में सहजिया साधकों की यह अभिव्यक्ति परिलक्षित की जा सकती है—

तुमी सागर, आमी तरी
तुमी खेवार माँझी
पार नदिया डुबावो जदि
तातेउ आमी राजी
ओगो, तोमार है ते पार कि बड़ो
भरम की आमार।

जब यह मालूम पड़ गया कि तुम्हीं सागर हो और तुम्हीं खेवा के माँझी भी हो तो तुममें डूब जाना, लय हो जाना अच्छा है या पार पहुँचना, मैं तो नौका मात्र हूँ। इसीलिए—

तरी को ले जाओ मँझधार
डूबकर हो जाओगे पार।

नारी-जनित मनुहार महादेवी की अभिव्यक्ति की अपनी विशेषता है—

करुणानिधि को भाता है
तम के परदे में आना;
हे नभ की दीपावलियो
तुम क्षण भर को बुझ जाना!

सृष्टि के व्यापारों के साथ जीवन के बिम्बित और प्रतिबिम्बित स्वरूपों के निरूपण ने रहस्यवादी संकेतों को नितान्त सहज भावभूमि प्रदान की है—

कहते हैं नक्षत्र 'पड़ी हम पर
उस माया की झाँईं'

कह जाते वे मेघ 'हमीं
उसकी करुणा की परछाईं।'

नीहार-जनित धुँधलका मिटते ही यौवन की प्रथम रश्मि का स्पर्श जीवन को तरल-चंचल अनुभूतियों से आन्दोलित कर देता है—

दे मृदु कलियों की चटक, ताल
हिम-बिन्दु नचाती तरल प्राण

'रश्मि' में मुग्धा नायिका की अल्हड़ता और प्रगल्भता सृष्टि के कण-कण में स्पन्दित दिखलाई पड़ती है। जाने-अनजाने किसी की सुधि वसन्त का सुमन तीर मुग्ध मानस को अधीर कर जाता है जिससे देह की डाली प्रत्येक पुलकन और रोमांच से सिहर-सिहर उठती है—

मंजरित नवल मृदु देह-डाल
खिल-खिल उठता नव पुलक जाल
मधु-कन सा छलका नयन-नीर

उद्दाम वासना के उन्मद पहरों में इस अनन्य साधिका ने अपने अप्रतिहत संयम से आत्मोत्सर्ग के उन शिखरों को सँवारा है जहाँ आराधक और आराध्य का अन्तर मिट जाता है—

चिर ध्येय यही जलने का
ठण्डी विभूति बन जाना;
है पीड़ा की सीमा यह
दुःख का चिर सुख हो जाना!

उत्सर्ग की वेदी पर स्वयं को शून्य कर देने की यह साधना ही उपालम्भ के रूप में आत्मीयता की प्रगाढ़ता का परिचय देती है—

विश्व में वह कौन सीमाहीन है
हो न जिसका खोज सीमा में मिला;
क्या रहोगे क्षुद्र प्राणों में नहीं
क्या तुम्हीं सन्देश एक महान हो?

कबीर की वाणी में पग-पग पर प्रियतम को चुनौती देने की निर्व्याज व्यंजना इसी सान्निध्य की परिचायक है—

मिलनौ तो जीवित मिलौ, कहै कबीरा राम।
लोहा जब माटी भया, पारस का क्या काम ॥

'नीरजा' (रचनाकाल 1931-34) तक आते-आते रश्मि की अल्हड़ता मानस शतदल की उत्फुल्लता की ओर अग्रसर होने लगती है, जहाँ जगत और जीवन के असंख्य बन्धनों के बीच से उसकी उत्सर्गी आराधना अंकुरित हुई है—

तुम्हें बाँध पाती सपने में!
तो फिर जीवन प्यास बुझा-
लेती उस छोटे क्षण अपने में;
प्रिय में लेती बाँध मुक्ति
सौ-सौ लघुतम बन्धन अपने में।

रवीन्द्रनाथ ने भी लिखा है—

वैराग्य साधने मुक्ति से आभार नय।
असंख्य बन्धन माँझे महानन्दमय
लभिवो मुक्तिर स्वाद।

महादेवी भी वैराग्य-साधना द्वारा मुक्ति प्राप्त करने की आकांक्षी नहीं हैं। वे भी असंख्य बन्धनों के बीच ही महानन्दमय मुक्ति का स्वाद प्राप्त करना चाहती हैं। इसीलिए इस मंगलयात्रा में दृश्य, गन्ध और गान में जो आनन्द है उसी को उन्होंने अपना पाथेय बना लिया है। उनकी रूपसी का घनकेश-पाश विराट् में व्याप्त सौन्दर्य-राशि के विभिन्न स्वरूपों को प्रतिबिम्बित करता है—

उच्छ्वसित वक्ष पर चंचल है, वक पाँतों का अरविन्द-हार
तेरी निःश्वासें छू, भू की बन बन जाती मलयज बयार।

केकी-रव की नूपुर-ध्वनि सुन
जगती जगती की मूक प्यास।
रूपसि, तेरा घन-केश-पाश।

इस सनातन व्यथा और व्याकुलता के मूल में द्वैत का विभ्रम मिटाने की साधना 'बीन भी हूँ मैं तुम्हारी रागिनी भी हूँ' तथा 'तुम मुझमें प्रिय, फिर परिचय क्या' आदि रचनाओं में उद्भासित हो उठी है।

'सान्ध्यगीत' (रचनाकाल 1934-36) तक आते-आते जीवन का उन्मद उल्लास सपनों की रंगीनी में घुलता हुआ वेदना की विह्वलता में समरसता की सृष्टि करता प्रतीत होता है। उन्होंने स्वयं लिखा है—"नीरजा और सान्ध्यगीत मेरी उस मानसिक स्थिति को व्यक्त कर सकेंगे, जिनमें अनायास ही मेरा हृदय सुख-दुःख में सामंजस्य का अनुभव करने लगा।" सान्ध्यगीत में अभिव्यक्ति के मार्दव के

साथ-साथ रंग-बिरंगे चित्रों का रेखांकन समस्त संग्रह को द्वाभा की आभा से मण्डित करता दिखाई पड़ता है—

यह क्षितिज बना धुँधला विराग
नव अरुण अरुण मेरा सुहाग
छाया-सी काया वीतराग
सुधि-भीने स्वप्न रँगीले घन,
प्रिय, सान्ध्य गगन मेरा जीवन।

यह कह सकना कठिन है कि कब उनकी तूलिका से छन्द सँवर जाते हैं और कब उनके छन्दों में रंग निखर उठते हैं।

इस विमुग्ध विभावरी में भावना की तीव्रता, आत्मनिवेदन, भावान्विति और गेयता सभी दृष्टियों से गीतिकाव्य का शिल्प बड़े सुन्दर रूप से सँवरा है—

मैं नीर-भरी दुख की बदली!
विस्तृत नभ का कोई कोना
मेरा न कभी अपना होना,
परिचय इतना, इतिहास यही
उमड़ी कल थी, मिट आज चली

इसी प्रकार 'प्रिय मेरे नीले नयन बनेंगे आरती', 'फिर विकल हैं प्राण मेरे', 'क्यों वह प्रिय आता पार नहीं', 'सखि, मैं हूँ अमर सुहाग-भरी' में गीतों की संक्षिप्तता, सरलता और तरलता बड़ी मर्मस्पर्शी बन पड़ी हैं। सान्ध्यगीत में ही पहले-पहल जीवन-संघर्ष के वे उदात्त स्वर, जो बाद में दीपशिखा के रूप में प्रज्वलित हुए, 'जाग, तुझको दूर जाना' और 'हे चिर महान' जैसी रचनाओं में मिलने लगते हैं—

मेरे जीवन का आज मूक
तेरी छाया से हो मिलाप
तन तेरी साधकता छू ले
मन ले करुणा की थाह नाप।
उर में पावस, दृग में विहान
हे चिर महान।

'सान्ध्यगीत' के गीतों की दीपशिखा के रूप में परिणति अपने नाम को सार्थक करती है। 'यह मन्दिर का दीप, इसे नीरव जलने दो' और 'पुजारी, दीप कहीं सोता है' जैसे गीतों की प्रांजलता में गहन अनुभूति की वह आँच है जो सूर के 'ऊधौ,

विरही प्रेम करै' जैसे गीतों के आधार पर महसूसी जा सकती है। इन गीतों के मर्म का उद्घाटन करते हुए कवयित्री ने स्वयं कहा है कि—"मेरे गीत अध्यात्म के अमूर्त्त आकाश के नीचे लोकगीतों की धरती पर पले हैं।" जीवन का चंचल बालक और मृत्यु का माँ के रूप में चित्रण जीवन और मृत्यु के सम्बन्धों को अद्भुत सहजता प्रदान कर सका है—

तू धूल भरा ही आया!
ओ चंचल जीवन बाल, मृत्यु जननी ने अंक लगाया।

'दीपशिखा' में राष्ट्र का जागरण छायावादी भूमिका के समस्त सूक्ष्म स्पन्दनों के साथ मूर्तिमान हो उठा है। कवयित्री के ही शब्दों में—"दीपशिखा में अविश्वास का कोई कम्पन नहीं है। नवीन प्रभात के वैतालिकों के स्वर के साथ इनका स्थान रहे ऐसी कामना नहीं, पर रात की सघनता को इसकी लौ झेल सके, यह इच्छा तो स्वाभाविक ही रहेगी।"

साधारणतया महादेवी के काव्य का दाय इन्हीं पुस्तकों तक सीमित कर दिया जाता है, पर सन्तप्तों को शीतल करनेवाले मेघों के समान उनके रिक्थ की तो कोई सीमा नहीं है। 'सप्तपर्णी' में आर्षवाणी के रूप में चारों वेदों, उपनिषदों, वाल्मीकि, थेरगाथा, अश्वघोष, कालिदास, भवभूति, जयदेव आदि के मार्मिक अनुवादों के रूप में उन्होंने समस्त भारतीय चिन्तन और सृजन का गंगाजल मंगल-कलश में संचित कर दिया है। वेदों-उपनिषदों और बौद्ध ग्रन्थों का ऐसा सारग्राही अनुवाद और वाल्मीकि, अश्वघोष, कालिदास, भवभूति और जयदेव की साधना का ऐसा मार्मिक प्रांजल प्रसाद वाङ्मय की भूमि पर अभी तक देखने को नहीं मिला था। बुद्ध की करुणा से अभिभूत होने के कारण उन्होंने एक ओर तो पाली वाङ्मय के अथाह सागर में डुबकी लगाकर अश्वघोष की सहज संवेदना के अनमोल मोतियों का संचय किया और दूसरी ओर शैव मतावलम्बी कालिदास के सौन्दर्य-बोध को मानस-पीठ पर प्रतिष्ठित किया। काव्य की दृष्टि से अश्वघोष और कालिदास को आदिकवि के उत्तराधिकारी के रूप में उनका उद्घोष मानव-मात्र के कल्याण की शुद्ध-बुद्ध सद्भावना का परिचायक है। धर्म या सम्प्रदाय के पूर्वग्रहों की व्यर्थता का बोध कराते हुए उन्होंने अपने उदात्त स्वरों में कहा है कि—

"इस वाङ्मय ने जब धर्मविशेष के वाहक मात्र के रूप में अपना परिचय दिया तब उसका उपयोग सीमित हो गया और उसे वेद साहित्य के समान एक ओर अन्धविश्वास और दूसरी ओर उपेक्षा से घिरकर अपनी स्थिति की रक्षा करनी पड़ी। वह जहाँ पर साहित्य की वाणी में बोला है, वहाँ हृदय की बात को हृदय तक पहुँचने से रोकने में धर्म, सम्प्रदाय, दर्शन आदि की कोई भित्ति समर्थ नहीं हो सकी। साहित्य में ऐसी अनेकान्त साधना शायद ही कभी घटित हुई हो।"

साधारणतया समीक्षकों की भाषा में उन्हें आधुनिक मीरा के रूप में अभिहित किया जाता है। इसमें सन्देह नहीं कि गिरिधर गोपाल के प्रति मीरा की अनन्य अनुरक्ति की अभिव्यक्ति भक्ति-साहित्य की परम मर्मस्पर्शी निधि बन गयी है और स्वयं महादेवी ने मीरा की व्यथासिक्त पदावली को सारे नीति-जगत् की सम्राज्ञी की संज्ञा दी है परन्तु महादेवी का-सा वैविध्य, गीति, काव्यात्मक शिल्प, दार्शनिक चिन्तन, बिम्बात्मक रूपायन, चित्रात्मक रेखांकन, गद्यशैली का निबन्धन तथा नवनवोन्मेषशालिनी अभिव्यंजना, सम्भवतः आज विश्व-साहित्य की किसी नारी-सर्जक में खोज सकना दुर्लभ होगा। चाहे गद्य का शिल्प हो, चित्रों की बिम्बात्मकता हो, नारी की मुक्तिभावना हो अथवा बंगाल के अकाल और चीनी आक्रमण का प्रतिरोध हो, महादेवी राष्ट्र की विह्वल आत्मा के रूप में सब जगह स्पन्दित हैं। उन्हीं के शब्दों में—"साधारणतया मुझे भाव, विचार और कर्म का सौन्दर्य समान रूप से आकर्षित करता है।" अपनी इस संवेदनशील प्रवृत्ति की ओर संकेत करते हुए उन्होंने स्पष्ट कहा है—

"मेरी कविता मेरे विश्राम-क्षणों का ही प्रतिबिम्बक है। शेष जीवन मैं वहाँ दूँगी जहाँ उसे देने की आवश्यकता है।"

एक ओर तो उनकी अगाध संवेदनशीलता बुद्ध की करुणा से अनुप्राणित है, दूसरी ओर उनकी वाणी में ऋचाओं की पवित्रता और स्वरों में सामगान का सम्मोहन है। उनकी सहज अभिव्यक्ति आर्ष वचनों के समकक्ष रखी जा सकती है—

अमरता है जीवन का ह्रास,
मृत्यु जीवन का चरम विकास।

उनके इसी स्वरूप पर मुग्ध होकर महाकवि निराला ने द्रष्टा के स्वरों में कह डाला था—

हिन्दी के विशाल मन्दिर की वीणा-वाणी
स्फूर्ति चेतना, रचना की प्रतिमा कल्याणी

इस नामरूपात्मक विश्व से एकात्म होकर उन्होंने सत्यं शिवं सुन्दरं को वर्ण और वाक् दोनों में बाँधने का अद्‌भुत कौशल दिखाया है। काव्य को चित्रमय और चित्र को काव्यमय बनाने की उनमें अद्‌भुत क्षमता है।

भारतीय कवियों में रवीन्द्रनाथ और महादेवी ने ही काव्यात्मा को रूपायित करने का प्रयत्न किया है, किन्तु रवीन्द्रनाथ की चित्रकला का उनकी कविताओं से विशेष सम्बन्ध न था। छायावाद के भावपक्ष के साथ जिस स्वच्छन्दतावाद (रोमाण्टिक

चित्र) का उल्लेख इतिहासकारों द्वारा किया गया है, उसके अन्तर्गत काव्य, चित्र और संगीत का विशेष महत्त्व माना गया है। महादेवी ने स्वयं विषय और विधान का विवेचन करते हुए लिखा है—"विषय पर कोई कला निर्भर नहीं रहती। सच्चे चित्रकार की तूलिका भगवान बुद्ध की चिर शान्त मुद्रा अंकित करके भी धन्य हो सकती है और कन्धे पर हल लेकर घर लौटनेवाले कृषक का चित्र बनाकर भी वह अमर हो सकती है।" उनके अनुसार, काव्य के साथ चित्रकला का यह सहोदरभाव मात्र स्वच्छन्दतावादी आन्दोलन का प्रतिफल नहीं वरन् भारतीय परम्परा के सहज विकास के रूप में है। उन्हीं के शब्दों में—"पुरातन काल की सभी पौराणिक कथाएँ, चाहे विरही पक्ष से सम्बन्ध रखती हों चाहे राजा दुष्यन्त से, बिना इस कला के मानो पूर्ण ही न होती थीं।" उनके चित्रों में मूर्तिकला का भी प्रभाव है जो उनके भौंह, आँख, नाखून तथा उँगलियों के रेखांकन में अजन्ता के सौष्ठव की याद दिलाता है। उन्हीं के शब्दों में—"व्यक्तिगत रूप से मुझे मूर्तिकला विशेष आकर्षित करती है, क्योंकि उसमें कलाकार के अन्तस् का वैभव ही नहीं, बाह्य आयास भी अपेक्षित रहता है।" महादेवी के चित्रांकनों में हल्के नीले और श्वेत रंग की प्रमुखता है। उनकी कविताओं में ओस, चाँदनी, नीहार आदि की बहुलता उसी प्रवृत्ति की परिचायक है—"पाटल के सुरभित रंगों से रँग दे हिम-सा उज्ज्वल दुकूल, गुँथ दे रशना में अलि गुंजन से पूरित झरते बकुल फूल।" उनकी गृहसज्जा, वेशभूषा, रहन-सहन सभी में श्वेत-प्रियता का प्राधान्य है। शायद ही किसी ने उन्हें श्वेत वस्त्रों से भिन्न परिधान में देखा हो। उनका निवास भी छोटा-मोटा आश्रम या तपोवन है जहाँ भक्तिन, बूढ़े माली, सुषमा और रामजी के अतिरिक्त सोमा (कुतिया), टिन्नू, भूँगा, खरगोश और अनेक जीव-जन्तु पारिवारिक सौहार्द में डूबे रहते हैं। गिलहरियाँ तो द्वारों के बन्दनवारों और कुर्सियों की हथेलियों पर चलती-फिरती लताओं के समान लहका करती हैं। दूसरी ओर कीकर, पाकर, आम, सेमल, कटहल, रबर, नारियल आदि के वृक्ष हैं, जिनका अपना-अपना इतिहास है। किसी को राजगोपालाचारी की पुत्री ने लगाया है तो किसी को सुभद्राकुमारी चौहान ने। स्वयं महादेवी को गोमती की गरिमा से मण्डित देखकर कण्वाश्रम की याद हो आती है। इसी प्रकार उनकी बैठक में प्रवेश करते ही कृष्ण की त्रिभंगी मूर्ति, राम का चित्र, बुद्ध की विघुच्छाया और ऊपर के शोकेस में टैगोर, निराला, प्रसाद और बापू। नीचे पीतल के बड़े थाल में ताम्रकलश और दोनों ओर पंचमुखी दीपक को देखकर ऐसा लगता है कि यहाँ मन्दिर के भीतर मन्दिर है।

साहित्य और संस्कृति के प्रति पूर्णतया समर्पित उनका व्यक्तित्व चिन्तन की प्रखरता से आलोकित है। साहित्य का निर्व्याज मूल्यांकन करते हुए वे कहा करती हैं कि—"दर्शन पूर्ण होने का दावा कर सकता है, धर्म अपने निर्भ्रान्त होने की घोषणा कर सकता है परन्तु साहित्य मनुष्य की शक्ति-दुर्बलता, जय-पराजय, हास-अश्रु और

जीवन-मृत्यु की कथा है। वह मनुष्य रूप से अवतरित होने पर स्वयं ईश्वर को भी पूर्ण मानना अस्वीकार कर देता है।" जब साधक साधना करते-करते साध्यमय हो जाता है तो वह संस्कृति बन जाता है। महादेवी आज हमारे भावलोक के संरक्षक के रूप में चलती-फिरती संस्कृति बन गयी हैं। उनका सम्मान राष्ट्र की तपःपूत साधना का सम्मान है।

—शिवमंगल सिंह 'सुमन'

आभार

महादेवी जी के साहित्य पर बहुत लिखा जा चुका है और लिखा जा रहा है, विशेष रूप से उनके काव्य पक्ष पर। लेकिन जहाँ तक मैंने देखा है उनकी कविता को करुणा-वेदना, विरह-मिलन आदि बातों तक ही सीमित करके इन्हीं के माध्यम से उनकी रहस्यात्मक अनुभूति की चर्चा बार-बार की गयी है। उनका कविता का यह बहुत बड़ा पक्ष तो माना जा सकता है, किन्तु उनके कुछ और रूप विशेषकर उनकी कविताओं के स्वर में जो विद्रोहात्मक स्वर हैं, उसकी चर्चा नहीं हुई। यद्यपि इस प्रकार की कविताएँ बहुत अधिक नहीं हैं, लेकिन उनके काव्य के जीवन में प्रारम्भिक दिनों से लेकर आज तक (बल्कि इधर की कविताओं में तो एक मात्र वही स्वर है) विद्रोही स्वर है ज़रूर। बहुत पहले यानी जब उनकी उम्र क़रीब-क़रीब बारह-चौदह वर्ष की रही होगी तब ब्रजभाषा में उन्होंने एक पद्य लिखा—

मन्दिर के पट खोलत का
ये देवता तो दृग खोलिहैं नाहीं।
अक्षत फूल चढ़ाऊँ भले
हर्षाय कबौं अनुकूलिहैं नाहीं।
बेर हजारन शंखहि फूँक
पै जागिहै ना अरु डोलिहैं नाहीं
प्रानन में नित बोलत हैं
पुनि मन्दिर में ये बोलिहैं नाहीं।

जिन सगुणोपासना भक्ति संस्कारों के बीच महादेवी जी पलीं उस वातावरण के बीच में राधा-कृष्ण संवाद की चर्चा के स्थान पर सर्वथा भिन्न बात लिख डालना बहुत बड़ी बात थी। उन्होंने इस कविता के बारे में लिखा है—"इसके लिए मैंने पण्डित जी तथा माँ दोनों की अप्रसन्नता झेली क्योंकि प्रत्यक्षतः यह ठाकुर जी के विरोध में है। कारण न तब बहुत स्पष्ट था न आज है। सम्भवतः मेरे अवचेतन

में ही मेरे दर्शन या विचार की दिशा बन रही होगी।" महादेवी जी की समूची रचना-प्रक्रिया को देख चुकने के बाद यह कविता भले ही विरोधी स्वर में न लगे लेकिन उस समय, उस उम्र में ऐसा लिखा जाना निश्चित रूप में विद्रोह का ही रूप है।

इसी प्रकार बीच के समय (मध्याह्न युग) में लिखी ये कविताएँ–

पूछो न प्रात वात आज आँधी की राह चलो।
ताप बिना खण्डों का मिल पाना अनहोना
बिना अग्नि के जुड़ा न लोहा माटी सोना!
ले टूटे संकल्प स्वप्न उर ज्वाला में पिघलो।

या

टकराएगा नहीं आज उद्धत लहरों से
कौन ज्वार फिर तुझे पार तक पहुँचाएगा
धूल पोंछ काँटे मत गिन छाले मत सहला,
मत ठण्डे संकल्प आँसुओं से तू नहला,
तुझसे हो यदि अग्नि-स्नात यह प्रलय महोत्सव
तभी मरण का स्वस्ति-गान जीवन गाएगा,
टकराएगा नहीं आज उद्धत लहरों से
कौन ज्वार फिर तुझे दिवस तक पहुँचाएगा।

इन कविताओं को पढ़कर सहसा विश्वास नहीं होता कि कविताएँ उसी महादेवी की हैं जिसने लिखा है–

मुस्काता संकेत भरा नभ
अलि क्या प्रिय आने वाले हैं?

नयन श्रवण मय श्रवण नयन मय आज हो रही कैसी उलझन!
रोम-रोम में होता री सखि एक नयन उर का-सा स्पन्दन

पुलकों से भर फूल बन गये
जितने प्राणों के छाले हैं!
अलि क्या प्रिय आने वाले हैं?

या

अलि कैसे उनको पाऊँ?
वे आँसू बन कर मेरे,
इस कारण ढुल-ढुल जाते,
इन पलकों के बन्धन में

मैं बाँध-बाँध पछताऊँ।
अलि कैसे उनको पाऊँ?

इस प्रकार की मन को गुदगुदा देनेवाली कविताओं, जो कि सहज ही पाठक के मन को छूकर द्रवित कर लेती हैं, के साथ ही उन विद्रोहात्मक कविताओं को पढ़कर पाठक नये उत्साह, जोश से भर उठता है और एक दूसरी ही प्रेरणा ग्रहण करता है।

इस बात को शायद बहुत कम लोग जानते हैं कि स्वतन्त्रता आन्दोलन के दौरान महादेवी जी ने अनेक देश-प्रेम के गीत भी लिखे थे जोकि प्रभात फेरियों या जुलूसों में, बिना इस बात की जानकारी के कि किसके लिखे गीत हैं, गाये जाते थे। जैसे—

भारत जननी! अम्ब तेरी विजय है।
गगन छू रहा हिम मुकुट शुभ्र सुन्दर
रजत-स्वर्ण किरणें रहीं हो निछावर
विविध रंग नभ के बने छत्र तेरा
अनिल चाँदनी का
व्यजन स्नेह मय है

●

वन्दनी जननी! तुझे
मुक्त कर देंगे
शृंखलाएँ ताप के डर से गलेंगी
भित्तियाँ यह लौ की रज में मिलेंगी
रक्त से अपने खिलाकर लाल बादल
तिमिर अब हम ऊषा का आरक्त कर देंगे।

●

मस्तक देकर आज ख़रीदेंगे
हम ज्वाला
जो ज्वाला नभ में बिजली है,
जिससे रवि शशि ज्योति जली है,
तारों में बन जाती है जो
शीतलता दायक उजियाला
मस्तक देकर...

इस प्रकार के अनेक गीत हैं उनके।

अभी पिछली होली के 'धर्मयुग' के विशेषांक में उनकी एक कविता प्रकाशित हुई है—

सृजन के विधाता! कहो आज कैसे
कुशल उँगलियों की प्रथा छोड़ दोगे
अजर शिल्प भी अधबना तोड़ दोगे?
युगों से गढ़े थे धवल-श्याम बादल
न सपने कभी बिजलियों ने उगाये
युगों ने रची साँझ-लाली उषा की
न पर कल्पना बिम्ब उनमें समाये!
बनाये तभी तो नयन दो मनुज के
जहाँ कल्पना-स्वप्न ने प्राण पाये!

इस पूरी कविता को पढ़कर मन एकदम झकझोर जाता है और ऐसा लगता है कि विश्व-व्यापी अराजकता की जो स्थितियाँ पैदा हो रही हैं जिससे समाज में अनास्था, मूल्यहीनता बढ़ती जा रही है तो इसमें उस विधाता का बड़ा भारी हाथ है जिसने अब ऐसे छोटे (घटिया) लोगों को पैदा करना शुरू कर दिया है जोकि कोई भी बड़ा काम नहीं कर सकते हैं। बातचीत के दौरान भी महादेवी जी अक्सर कहती हैं कि भगवान जी के यहाँ वह साँचा टूट गया है जिससे इतने बड़े आदमी गढ़े जाते थे। इस पूरी कविता के माध्यम से आज की परिस्थिति का चित्रण बहुत ही सजीव ढंग से किया गया है और उस ईश्वर को सम्बोधित करके उसे बहुत बड़ी चुनौती भी दी गयी है कि तुम क्या थे और क्या होते जा रहे हो।

इस बात की अधिक विस्तार से चर्चा करने की सामर्थ्य मुझमें नहीं है, लेकिन विद्वान् आलोचकों से अनुरोध है कि वे महादेवी की कविता के इस पक्ष को उजागर करते हुए उस पर चर्चा करें, लिखें।

भारतीय ज्ञानपीठ के निदेशक श्री लक्ष्मीचन्द्र जैन का आभारी हूँ कि इतने महत्त्वपूर्ण काम में उन्होंने मुझे भी जोड़ लिया।

—रामजी पाण्डेय

(प्रथम संस्करण से)

कविता-क्रम

1

निशा की, धो देता राकेश
चाँदनी में जब अलकें खोल,
कली से कहता था मधुमास
बता दो मधुमदिरा का मोल

बिछाती थी सपनों के जाल
तुम्हारी वह करुणा की कोर,
गयी वह अधरों की मुस्कान
मुझे मधुमय पीड़ा में बोर,

झटक जाता था पागल वात
धूलि में तुहिन-कणों के हार,
सिखाने जीवन का संगीत
तभी तुम आये थे इस पार!

गये तब से कितने युग बीत
हुए कितने दीपक निर्वाण,
नहीं पर मैंने पाया सीख
तुम्हारा सा मनमोहन गान।

भूलती थी मैं सीखे राग
बिछलते थे कर बारम्बार,
तुम्हें तब आता था करुणेश!
उन्हीं मेरी भूलों पर प्यार!

नहीं अब गाया जाता देव!
थकी अँगुली, हैं ढीले तार,
विश्ववीणा में अपनी आज
मिला लो यह अस्फुट झंकार!

2

रजतकरों की मृदुल तूलिका
से ले तुहिन-बिन्दु सुकुमार,
कलियों पर जब आँक रहा था
करुण कथा अपनी संसार,

तरल हृदय की उच्छ्वास
जब भोले मेघ लुटा जाते,
अन्धकार दिन की चोटों पर
अंजन बरसाने आते!

मधु की बूँदों में छलके जब
तारक-लोकों के शुचि फूल,
विधुर हृदय की मृदु कम्पन सा
सिहर उठा वह नीरव कूल,

मूक प्रणय से, मधुर व्यथा से,
स्वप्नलोक के से आह्वान,
वे आये चुपचाप सुनाने
तब मधुमय मुरली की तान!

चल चितवन के दूत सुना
उनके, पल में रहस्य की बात,
मेरे निर्निमेष पलकों में
मचा गये क्या क्या उत्पात!

जीवन है उन्माद तभी से
निधियाँ प्राणों के छाले,
माँग रहा है विपुल वेदना...
के मन प्याले पर प्याले!

पीड़ा का साम्राज्य बस गया
उस दिन दूर क्षितिज के पार,
मिटना था निर्वाण जहाँ
नीरव रोदन था पहरेदार!

कैसे कहती हो सपना है
अलि! उस मूक मिलन की बात?
भरे हुए अब तक फूलों में
मेरे आँसू उनके हास!

3

मैं अनन्त पथ में लिखती जो
सस्मित सपनों की बातें
उनको कभी न धो पाएँगी
अपने आँसू से रातें!

उड़ उड़ कर जो धूल करेगी
मेघों का नभ में अभिषेक,
अमिट रहेगी उसके अंचल—
में मेरी पीड़ा की रेख!

तारों में प्रतिबिम्बित हो
मुस्काएँगी अनन्त आँखें,
होकर सीमाहीन, शून्य में
मँडराएँगी अभिलाषें!

वीणा होगी मूक बजाने—
वाला होगा अन्तर्धान,
विस्मृति के चरणों पर आकर
लौटेंगे सौ सौ निर्वाण!

जब असीम से हो जाएगा
मेरी लघु सीमा का मेल,
देखोगे तुम देव! अमरता
खेलेगी मिटने का खेल!

4

वे मुस्काते फूल, नहीं—
जिनको आता है मुरझाना,
वे तारों के दीप, नहीं
जिनको भाता है बुझ जाना;

वे सूने से नयन, नहीं—
जिनमें बनते आँसू मोती,
वह प्राणों की सेज, नहीं—
जिसमें बेसुध पीड़ा सोती;

वे नीलम के मेघ, नहीं—
जिनको है घुल जाने की चाह,
वह अनन्त ऋतुराज, नहीं—
जिसने देखी जाने की राह;

ऐसा तेरा लोक, वेदना
नहीं, नहीं जिसमें अवसाद,
जलना जाना नहीं, नहीं
जिसने जाना मिटने का स्वाद!

क्या अमरों का लोक मिलेगा
तेरी करुणा का उपहार?
रहने दो हे देव! अरे
यह मेरा मिटने का अधिकार!

5

ढुलकते आँसू सा सुकुमार
बिखरते सपनों सा अज्ञात,
चुरा कर अरुणा का सिन्दूर
मुस्कराया जब मेरा प्रात,

छिपाकर लाली में चुपचाप
सुनहला प्याला लाया कौन?

हँस उठे छूकर टूटे तार
प्राण में मँडराया उन्माद,
व्यथा मीठी ले प्यारी प्यास
सो गया बेसुध अन्तर्नाद,

घूँट में थी साकी की साध
सुना फिर फिर जाता है कौन?

6

चाहता है यह पागल प्यार,
अनोखा एक नया संसार!

कलियों के उच्छ्वास शून्य में ताने एक वितान,
तुहिन-कणों पर मृदु कम्पन से सेज बिछा दें गान,
जहाँ सपने हों पहरेदार;
अनोखा एक नया संसार!

करते हों आलोक जहाँ बुझ बुझ कर कोमल प्राण,
जलने में विश्राम जहाँ मिटने में हो निर्वाण,
वेदना मधु-मदिरा की धार;
अनोखा एक नया संसार!

मिल जावें उस पार क्षितिज के सीमा सीमाहीन,
गर्वीले नक्षत्र धरा पर लोटें हो कर दीन,
उदधि हो नभ का शयनागार;
अनोखा एक नया संसार!

जीवन की अनुभूति-तुला पर अरमानों से तोल,
यह अबोध मन मूक व्यथा से ले पागलपन मोल,
करें दृग आँसू का व्यापार;
अनोखा एक नया संसार!

7

थकी पलकें सपनों पर डाल
व्यथा में सोता हो आकाश
छलकता जाता हो चुपचाप
बादलों के उर से अवसाद,
वेदना की वीणा पर देव
शून्य गाता हो नीरव राग;
मिलाकर निःश्वासों के तार
गूँथती हो जब तारे रात;
उन्हीं तारक-फूलों में देव!
गूँथना मेरे पागल प्राण—
हठीले मेरे छोटे प्राण!

किसी जीवन की मीठी याद
लुटाता हो मतवाला प्रात,
कली अलसायी आँखें खोल
सुनाती हो सपने की बात;
खोजते हों खोया उन्माद
मन्द मलयानिल के उच्छ्वास,
माँगती हो आँसू के बिन्दु
मूक फूलों की सोती प्यास;
पिला देना धीरे से देव
उसे मेरे आँसू सुकुमार...
सजीले ये आँसू के हार!

मचलते उद्गारों के खेल
उलझते हों किरणों के जाल,
किसी की छूकर ठण्डी साँस
सिहर जाती हों लहरें बाल;

चकित सा सूने में संसार
गिन रहा हो प्राणों के दाग,
सुनहली प्याली में दिनमान
किसी का पीता हो अनुराग,
ढाल देना उसमें अनजान
देव मेरा चिर संचित राग–
अरे यह मेरा मादक राग!

मत्त हो स्वप्निल हाला ढाल
महानिद्रा में पारावार,
उसी की धड़कन में तूफ़ान
मिलाता हो अपनी झंकार;
झकोरों से मोहक सन्देश
कह रहा हो छाया का मौन,
सुप्त आहों का दीन विषाद
पूछता हो 'आता है कौन'?
बहा देना आकर चुपचाप
तभी यह मेरा जीवन-फूल–
सुभग मेरा मुरझाया फूल!

8

जो मुखरित कर जाती थीं
मेरा नीरव आवाहन,
मैं ने दुर्बल प्राणों की
वह आज सुला दी कम्पन!
थिरकन अपनी पुतली की
भारी पलकों में बाँधी
निस्पन्द पड़ी हैं आँखें
बरसाने वाली आँधी!

जिसके निष्फल जीवन ने
जल जल कर देखी राहें,
निर्वाण हुआ है देखो
वह दीप लुटाकर चाहें!
निर्घोष घटाओं में छिप
तड़पन चपला की सोती
झंझा के उन्मादों में
घुलती जाती बेहोशी!

करुणामय को भाता है
तम के परदों में आना,
हे नभ की दीपावलियो!
तुम पल भर को बुझ जाना!

9

कितनी रातों की मैंने
नहलायी है अँधियारी,
धो डाली है सन्ध्या के
पीले सेंदुर से लाली;

नभ के धुँधले कर डाले
अपलक चमकीले तारे,
इन आहों पर तैरा कर
रजनीकर पार उतारे!

बह गयी क्षितिज की रेखा
मिलती है कहीं न हेरे,
भूला सा मत्त समीरण
पागल सा देता फेरे!

अपने उर पर सोने से
लिखकर कुछ प्रेम-कहानी,
सहते हैं रोते बादल
तूफ़ानों की मनमानी!

इन बूँदों के दर्पण में
करुणा क्या झाँक रही है?
क्या सागर की धड़कन में
लहरें बढ़ आँक रही हैं?

पीड़ा मेरे मानस से
भीगे पट सी लिपटी है,
डूबी सी यह निःश्वासें
ओठों में आ सिमटी हैं!

मुझ में विक्षिप्त झकोरें!
उन्माद मिला दो अपना,
हाँ नाच उठे जिसको छू
मेरा नन्हा सा सपना!!

पीड़ा टकरा कर फूटे
घूमे विश्राम विकल सा,
तम बढ़े मिटा डाले सब
जीवन काँपे चलदल सा!

फिर भी इस पार न आवे
जो मेरा नाविक निर्मम,
सपनों से बाँध डुबाना
मेरा छोटा सा जीवन!

10

शून्य से टकरा कर सुकुमार
करेगी पीड़ा हाहाकार,
बिखर कर कन कन में हो व्याप्त
मेघ बन छा लेगी संसार!

पिघलते होंगे यह नक्षत्र
अनिल की जब छूकर निःश्वास,
निशा के आँसू में प्रतिबिम्ब
देख निज काँपेगा आकाश!

विश्व होगा पीड़ा का राग
निराशा जब होगी वरदान,
साथ लेकर मुरझायी साध
बिखर जाएँगे प्यासे प्राण!

उदधि नभ को कर लेगा प्यार
मिलेंगे सीमा और अनन्त,
उपासक ही होगा आराध्य
एक होंगे पतझार वसन्त!

बुझेगा जलकर आशा-दीप
सुला देगा आकर उन्माद,
कहाँ कब देखा था वह देश?
अतल में डूबेगी यह याद!

प्रतीक्षा में मतवाले नयन
उड़ेंगे जब सौरभ के साथ,
हृदय होगा नीरव आह्वान
मिलोगे क्या तब हे अज्ञात?

11

मैं कम्पन हूँ तू करुण राग
मैं आँसू हूँ तू है विषाद,
मैं मदिरा तू उसका खुमार
मैं छाया तू उसका अधार;

मेरे भारत मेरे विशाल
मुझको कह लेने दो उदार!
फिर एक बार बस एक बार!

जिनसे कहती बीती बहार
'मतवालो जीवन है असार'
जिन झंकारों के मधुर गान
ले गया छीन कोई अजान;

उन तारों पर बनकर विहाग
मँडरा लेने दो हे उदार!
फिर एक बार बस एक बार!

कहता है जिनका व्यथित मौन
'हम सा निष्फल है आज कौन'?
निर्धन के धन सी हास-रेख
जिनकी जग ने पायी न देख,

उन सूखे ओठों के विषाद—
में मिल जाने दो हे उदार!
फिर एक बार बस एक बार!

जिन पलकों में तारे अमोल
आँसू से करते हैं किलोल,

जिन आँखों का नीरव अतीत
कहता 'मिटना है मधुर जीत',

उस चिन्तित चितवन में विहास
बन जाने दो मुझको उदार!
फिर एक बार बस एक बार!

फूलों सी हो पल में मलीन
तारों सी सूने में विलीन,
ढुलती बूँदों से ले विराग
दीपक से जलने का सुहाग,

अन्तरतम की छाया समेट
मैं तुझमें मिट जाऊँ उदार!
फिर एक बार बस एक बार!!

12

समीरण के पंखों में गूँथ
लुटा डाला सौरभ का भार,
दिया, ढुलका मानस-मकरन्द
मधुर अपनी स्मृति का उपहार;

अचानक हो क्यों छिन्न मलीन
लिया फूलों का जीवन छीन?

दैव सा निष्ठुर, दुख सा मूक
स्वप्न सा, छाया सा अनजान,
वेदना सा, तम सा गम्भीर
कहाँ से आया वह आह्वान?

हमारी हँसती चाह समेट
ले गया कौन तुम्हें किस देश?

छोड़ कर जो वीणा के तार
शून्य में लय हो जाता राग,
विश्व छा लेती छोटी आह
प्राण का बन्दीख़ाना त्याग;

नहीं जिनका सीमा में अन्त
मिली है क्या वह साध अनन्त?

ज्योति बुझ गयी रह गया दीप
रही झंकार गया वह गान,
विरह है या अखण्ड संयोग
शाप है या यह है वरदान?

पूछता आकर हाहाकार
कहाँ हो! जीवन के उस पार?

मधुर जीवन था मुग्ध बसन्त
विधुर बन कर आती क्यों याद?
'सुधा' वसुधा में लाया एक
प्राण में लाती एक विषाद;

बुझा कर छोटा दीपालोक
हुई क्या हो असीम में लोप?

हुई सोने की प्रतिमा क्षार
साधनाएँ बैठी हैं मौन,
हमारा मानसकुंज उजाड़
दे गया नीरव रोदन कौन?

नहीं क्या अब होगा स्वीकार
पिघलती आँखों का उपहार?

बिखरते स्वप्नों की तस्वीर
अधूरा प्राणों का सन्देश,
हृदय की लेकर प्यासी साध
बसाया है अब कौन विदेश?

रो रहा है चरणों के पास
चाह जिनकी थी उनका प्यार!

13

निराशा के झोंकों ने देव!
भरी मानस-कुंजों में धूल,
वेदनाओं के झंझावात
गये बिखरा यह जीवन-फूल!

बरसते थे मोती अवदात
जहाँ तारक-लोकों से टूट,
जहाँ छिप जाते थे मधुमास
निशा के अभिसारों को लूट!

जला जिसमें आशा के दीप
तुम्हारी करती थी मनुहार,
हुआ वह उच्छ्वासों का नीड़
रुदन का सूना स्वप्नागार!

हृदय पर अंकित कर सुकुमार
तुम्हारी अवहेला की चोट,
बिछाती हूँ पथ में करुणेश
छलकती आँखें हँसते ओठ!

14

स्वर्ग का था नीरव उच्छ्वास
देव-वीणा का टूटा तार,
मृत्यु का क्षणभंगुर उपहार
रत्न वह प्राणों का शृंगार;
नयी आशाओं का उपवन
मधुर वह था मेरा जीवन!

क्षीरनिधि की थी सुप्त तरंग
सरलता का न्यारा निर्झर,
हमारा वह सोने का स्वप्न
प्रेम की चमकीली आकर;
शुभ्र जो था निर्मेघ गगन
सुभग मेरा संगी जीवन!

अलक्षित आ किसने चुपचाप
सुना अपनी सम्मोहन तान,
दिखाकर माया का साम्राज्य
बना डाला इसको अज्ञान?
मोह-मदिरा का आस्वादन
किया क्यों हे भोले जीवन!

न रहता भौंरों का आह्वान
नहीं रहता फूलों का राज्य,
कोकिला होती अन्तर्धान
चला जाता प्यारा ऋतुराज;

असम्भव है चिर सम्मेलन
न भूलो क्षणभंगुर जीवन!

तुम्हें ठुकरा जाता नैराश्य
हँसा जाती है तुमको आश,
नचाता मायावी संसार
लुभा जाता सपनों का हास;
मानते विष को संजीवन
मुग्ध मेरे भूले जीवन!

विकसते मुरझाने को फूल
उदय होता छिपने को चन्द,
शून्य होने को भरते मेघ
दीप जलता होने को मन्द;
यहाँ किसका अनन्त यौवन?
अरे अस्थिर छोटे जीवन!

छलकती जाती है दिन रैन
लबालब तेरी प्याली मीत।
ज्योति होती जाती है क्षीण
मौन होता जाता संगीत;
करो नयनों का उन्मीलन
क्षणिक हे मतवाले जीवन!

शून्य से बन जाओ गम्भीर
त्याग की हो जाओ झंकार,
इन्हीं छोटे प्यालों में आज
डुबा डालो सारा संसार,
लजा जाएँ यह मुग्ध सुमन
बनो ऐसे छोटे जीवन!

सखे! यह है माया का देश
क्षणिक है मेरा तेरा संग,
यहाँ मिलता काँटों में बन्धु!
सजीला सा फूलों का रंग;

तुम्हें करना विच्छेद सहन
न भूलो हे प्यारे जीवन!

15

जहाँ है निद्रामग्न वसन्त
तुम्हीं हो वह सूखा उद्यान,
तुम्हीं हो नीरवता का राज्य
जहाँ खोया प्राणों ने गान;

निराली सी आँसू की बूँद
छिपा जिसमें असीम अवसाद,
हलाहल या मदिरा का घूँट
डुबा जिसने डाला उन्माद!

जहाँ बन्दी मुरझाया फूल
कली की हो ऐसी मुस्कान,
ओस कण का छोटा आकार
छिपा जो लेता है तूफ़ान;

जहाँ रोता है मौन अतीत
सखी! तुम हो ऐसी झंकार,
जहाँ बनती आलोक-समाधि
तुम्हीं हो ऐसा अन्धाकार!

जहाँ मानस के रत्न विलीन
तुम्हीं हो ऐसा पारावार,
अपरिचित हो जाता है मीत
तुम्हीं हो ऐसा अंजन सार!

मिटा देता आँसू के दाग़
तुम्हारा वह सोने सा रंग,
डुबा देती बीता संसार
तुम्हारी यह निस्तब्ध तरंग!

भस्म जिसमें हो जाता काल
तुम्हीं वह प्राणों का संन्यास,
लेखनी हो ऐसी विपरीत
मिटा जो जाती है इतिहास!

साधनाओं का दे उपहार
तुम्हें पाया है मैंने अन्त,
लुटा अपना सीमित ऐश्वर्य
मिला है यह वैराग्य अनन्त!

भुला डालो जीवन की साध
मिटा डालो बीते का लेश,
एक रहने देना यह ध्यान
क्षणिक है यह मेरा परदेश!

16

झूमते से सौरभ के साथ
लिये मिटते स्वप्नों का हार,
मधुर जो सोने का संगीत
जा रहा है जीवन के पार,
तुम्हीं अपने प्राणों में मौन
बाँध लेते उसकी झंकार!

काल की लहरों में अविराम
बुलबुले होते अन्तर्धान
सजल उनका छोटा ऐश्वर्य
डूबता लेकर प्यासे प्राण,
समाहित हो जाती वह याद
हृदय में तेरे हे पाषाण!

पिघलती आँखों के सन्देश
आँसुओं के वे पारावार,
भग्न आशाओं के अवशेष
जली अभिलाषाओं के क्षार,
मिलाकर उच्छ्वासों की धूलि
रँगाई है तूने तस्वीर!

गूँथ बिखरे सूखे अनुराग
बीन करके प्राणों के दान,
मिले रज में सपनों को ढूँढ़
खोज कर वे भूले आह्वान;
अनोखे से माली निर्जीव
बनायी है आँसू की माल!

मिटा जिनको जाता है काल
अमिट करते हो उनकी याद,
डुबा देता जिसको तूफ़ान
अमर कर देते हो वह साध;
मूक जो हो जाती है चाह
तुम्हीं उसका देते सन्देश!

राख में सोने का साम्राज्य
शून्य में रखते हो संगीत,
धूलि से लिखते हो इतिहास
बिन्दु में भरते हों वारीश;
तुम्हीं में रहता मूक वसन्त
अरे सूखे फूलों के हास!

17

तरल आँसू की लड़ियाँ गूँथ
इन्हीं ने काटी काली रात,
निराशा का सूना निर्माल्य
चढ़ाकर देखा फ़ीका प्रात!

इन्हीं पलकों ने कण्टकहीन
किया था वह पथ हे बेपीर!
जहाँ से छूकर तेरे अंग
कभी आता था मन्द समीर;

सजग लखती थीं तेरी राह
सुलाकर प्राणों में अवसाद,
पलक प्यालों से पी पी देव!
मधुर आसव सी तेरी याद!

अशन जल का जल ही परिधान
रचा था बूँदों में संसार,
इन्हीं नीले तारों में मुग्ध
साधना सोती थी साकार!

आज आये हो हे करुणेश!
इन्हें जो तुम देने वरदान,
गलाकर मेरे सारे अंग
करो दो आँखों का निर्माण!

18

विस्मृति तिमिर में दीप हो
भवितव्य का उपहार हो,
बीते हुए का स्वप्न हो
मानव-हृदय का सार हो;

तुम सान्त्वना हो दैव की
तुम भाग्य का वरदान हो,
टूटी हुई झंकार हो
गतकाल की मुस्कान हो!

उस लोक का सन्देश हो
इस लोक का इतिहास हो
भूले हुए का चित्र हो
सोयी व्यथा का हास हो;

अस्थिर चपल संसार में
तुम हो प्रदर्शक संगिनी,
निस्सार मानव-कोष में
हो मंजु हीरक की कनी!

दुर्दैव ने उर पर हमारे
चित्र जो अंकित किये,
देकर सजीला रंग तुमने
सर्वदा रंजित किये,

तुम हो सुधाधारा सदा
सूखे हुए अनुराग को,
तुम जन्म देती हो सजनि!
आसक्ति को वैराग्य को!

तेरे बिना संसार में
मानव-हृदय श्मशान है,
तेरे बिना हे संगिनी!
अनुराग का क्या मान है?

19

गिरा जब हो जाती है मौन
देख भावों का पारावार,
तोलते हैं जब बेसुध प्राण
शून्य से करुणकथा का भार
मौन बन जाता आकर्षण
वहीं मिलता नीरव भाषण!

जहाँ बनता पतझार वसन्त
जहाँ जागृति बनती उन्माद,
जहाँ मदिरा देती चैतन्य
भूलना बनता मीठी याद,
जहाँ मानस का मुग्ध मिलन
वहीं मिलता नीरव भाषण!

जहाँ विष देता है अमरत्व
जहाँ पीड़ा है प्यारी मीत,
अश्रु हैं नैनों का शृंगार
जहाँ ज्वाला बनती नवनीत,
मृत्यु बन जाती नवजीवन
वहीं रहता नीरव भाषण!

नहीं जिसमें अत्यन्त विच्छेद
बुझा पाता जीवन की प्यास,
करुण नयनों का संचित मौन
सुनाता कुछ अतीत की बात,
प्रतीक्षा बन जाती अंजन
वहीं मिलता नीरव भाषण!

पहन कर जब आँसू के हार
मुस्कराती वे पुतली श्याम,
प्राण में तन्मयता का हास
माँगता है पीड़ा अविराम
वेदना बनती संजीवन
वहीं मिलता नीरव भाषण!

जहाँ मिलता पंकज का प्यार
जहाँ नभ में रहता आराध्य,
ढाल देना प्राणों में प्राण
जहाँ होती जीवन की साध,
मौन बन जाता आवाहन
वहीं रहता नीरव भाषण!

जहाँ है भावों का विनिमय
जहाँ इच्छाओं का संयोग,
जहाँ सपनों में है अस्तित्व
कामनाओं में रहता योग,
महानिद्रा बनता जीवन
वहीं मिलता नीरव भाषण!

जहाँ आशा बनती नैराश्य
राग बन जाता है उच्छ्वास,
मधुर वीणा है अन्तर्नाद
तिमिर में मिलता दिव्य प्रकाश;
हास बन जाता है रोदन
वहीं मिलता नीरव भाषण!

20

उच्छ्वासों की छाया में
पीड़ा के आलिंगन में
निःश्वासों के रोदन में
इच्छाओं के चुम्बन में;

सूने मानस-मन्दिर में
सपनों की मुग्ध हँसी में,
आशा के आवाहन में
बीते की चित्रपटी में;

रजनी के अभिसारों में
नक्षत्रों के पहरों में,
ऊषा के उपहासों में
मुस्काती सी लहरों में;

उस थकी हुई सोती सी
ज्योत्स्ना की मृदु पलकों में,
बिखरी उलझी हिलती सी
मलयानिल की अलकों में;

जो बिखर पड़े निर्जन में
निर्भर सपनों के मोती,
मैं ढूँढ़ रही थी लेकर
धुँधली जीवन की ज्योति;

उस सूने पथ में अपने
पैरों की चाप छिपाये,
मेरे नीरव मानस में
वे धीरे धीरे आये!

मेरी मदिरा मधुवाली
आकर सारी ढुलका दी,
हँसकर पीड़ा से भर दी,
छोटी जीवन की प्याली!

मेरी बिखरी वीणा के
एकत्रित कर तारों को,
टूटे सुख के सपने दे
अब कहते हैं गाने को!

यह मुरझाये फूलों का
फ़ीका सा मुस्काना है,
यह सोती सी पीड़ा को
सपनों से ठुकराना है!

गोधूली के ओठों पर
किरणों का बिखराना है,
यह सूखी पंखड़ियों में
मारुत का इठलाना है!

इस मीठी सी पीड़ा में
डूबा जीवन का प्याला,
लिपटी सी उतराती है
केवल आँसू की माला!

21

मधुरिमा के, मधु के अवतार
सुधा से, सुषमा से, छविमान
आँसुओं में सहमे अभिराम
तारकों से हे मूक अजान!

सीख कर मुस्काने की बान
कहाँ आये हो कोमल प्राण?

स्निग्ध रजनी से लेकर हास
रूप से भर कर सारे अंग,
नये पल्लव का घूँघट डाल
अछूता ले अपना मकरन्द,

ढूँढ़ पाया कैसे यह देश;
स्वर्ग के हे मोहक सन्देश?

रजत किरणों से नयन पखार
अनोखा ले सौरभ का भार,
छलकता लेकर मधु का कोष,
चले आये एकाकी पार;

कहो क्या आये हो पथ भूल
मंजु छोटे मुस्काते फूल?

उषा के छू आरक्त कपोल
किलक पड़ता तेरा उन्माद,
देख तारों के बुझते प्राण
न जाने क्या आ जाता याद?

हेरती है सौरभ की हाट
कहो किस निर्मोही की बाट?

चाँदनी का शृंगार समेट
अधखुली आँखों की यह कोर,
लुटा अपना यौवन अनमोल
ताकती किस अतीत की ओर?

जानते हो यह अभिनव प्यार
किसी दिन होगा कारागार?

कौन वह है सम्मोहन राग
खींच लाया तुमको सुकुमार?
तुम्हें भेजा जिसने इस देश
कौन वह है निष्ठुर कर्तार?

हँसो पहनो काँटों के हार
मधुर भोलेपन के संसार!

22

जो तुम आ जाते एक बार!
कितनी करुणा कितने सन्देश
पथ में बिछ जाते बन पराग,
गाता प्राणों का तार तार
अनुराग भरा उन्माद राग;
आँसू लेते वे पद पखार!

हँस उठते पल में आर्द्र नयन
धुल जाता ओठों से विषाद,
छा जाता जीवन में वसन्त
लुट जाता चिर संचित विराग;
आँखें देतीं सर्वस्व वार!

23

चुभते ही तेरा अरुण बान!
बहते कन कन से फूट फूट,
मधु के निर्झर से सजल गान!

इन कनक-रश्मियों में अथाह,
लेता हिलोर तम-सिन्धु जाग;
बुद्बुद से बह चलते अपार,
उसमें विहगों के मधुर राग;

बनती प्रवाल का मृदुल कूल,
जो क्षितिज-रेख थी कुहर-म्लान!

नव कुन्द-कुसुम से मेघ-पुंज,
बन गये इन्द्रधनुषी वितान;
दे मृदु कलियों की चटक, ताल,
हिम-बिन्दु नचाती तरलप्राण;

धो स्वर्ण-प्रात में तिमिर-गात,
दुहराते अलि निशि-मूक तान!

सौरभ का फैला केश-जाल,
करतीं समीर-परियाँ विहार,
गीली केसर-मद झूम झूम,
पीते तितली के नव कुमार,

मर्मर का मधुसंगीत छेड़—
देते हैं हिल पल्लव अजान!

फैला अपने मृदु स्वप्न-पंख,
उड़ गयी नींद-निशि क्षितिज पार,
अधखुले दृगों के कंज-कोष–
पर छाया विस्मृति का खुमार;

रँग रहा हृदय ले अश्रु-हास,
यह चतुर चितेरा सुधि-विहान!

24

शून्यता में निद्रा की बन,
उमड़ आते ज्यों स्वप्निल घन,
पूर्णता कलिका की सुकुमार,
छलक मधु में होती साकार;

हुआ त्यों सूनेपन का भाव,
प्रथम किसके उर में अम्लान?
और किस शिल्पी ने अनजान,
विश्व-प्रतिमा कर दी निर्माण?

काल सीमा के संगम पर,
मोम सी पीड़ा उज्ज्वल कर,
उसे पहनायी अवगुण्ठन,
हास औ' रोदन से बुन बुन!

कनक से दिन मोती सी रात,
सुनहली साँझ गुलाबी प्रात,
मिटाता रँगता बारम्बार,
कौन जग का यह चित्राधार?

शून्य नभ में तम का चुम्बन,
जला देता असंख्य उडुगण,
बुझा क्यों उनको जाती मूक,
भोर ही उजियाले की फूँक?

रजतप्याले में निद्रा ढाल,
बाँट देती जो रजनी बाल,
उसे कलियों में आँसू घोल,
चुकाना पड़ता किसको मोल?

पोंछती जब हौले से वात,
इधर निशि के आँसू अवदात,
उधर क्यों हँसता दिन का बाल,
अरुणिमा से रंजित कर गाल?

कली पर अलि का पहला गान
थिरकता जब बन मृदु मुस्कान,
विफल सपनों के हार पिघल
ढुलकते क्यों रहते प्रतिपल?

गुलालों से रवि का पथ लीप
जला पश्चिम में पहला दीप,
विहँसती सन्ध्या भरी सुहाग
दृगों से झरता स्वर्ण पराग;

उसे तम की बढ़ एक झकोर
उड़ा कर ले जाती किस ओर?
अथक सुषमा का सृजन-विनाश
यही क्या जग का श्वासोच्छ्वास?

किसी की व्यथा-सिक्त चितवन
जगाती कण कण में स्पन्दन,
गूँथ उनकी साँसों के गीत-
कौन रचता विराट संगीत?

प्रलय बनकर किसका अनुताप
डुबा जाता उसको चुपचाप?
आदि में छिप आता अवसान
अन्त में बनता नव्य विधान,
सूत्र ही है क्या यह संसार
गुँथे जिसमें सुख-दुख जय-हार?

25

क्यों इन तारों को उलझाते?
अनजाने ही प्राणों में क्यों
आ आ कर फिर जाते?

पल में रागों को झंकृत कर,
फिर विराग का अस्फुट स्वर भर,
मेरी लघु जीवन-वीणा पर
क्या यह अस्फुट गाते?

लय में मेरा चिर करुणा-धन,
कम्पन में सपनों का स्पन्दन,
गीतों में भर चिर सुख चिर दुख
कण कण में बिखराते!

मेरे शैशव के मधु में घुल,
मेरे यौवन के मद में ढुल,
मेरे आँसू-स्मित में हिलमिल
मेरे क्यों न कहाते?

26

रजतरश्मियों की छाया में धूमिल घन सा वह आता;
इस निदाघ से मानस में करुणा के स्रोत बहा जाता!
उसमें मर्म छिपा जीवन का,
एक तार अगणित कम्पन का,
एक सूत्र सबके बन्धन का,
संसृति के सूने पृष्ठों में करुणकाव्य वह लिख जाता!

वह उर में आता बन पाहुन,
कहता मन से 'अब न कृपण बन',
मानस की निधियाँ लेता गिन,
दृग-द्वारों को खोल विश्व-भिक्षुक पर, हँस बरसा आता!

यह जग है विस्मय से निर्मित,
मूक पथिक आते जाते नित,
नहीं प्राण प्राणों से परिचित,
यह उनका संकेत नहीं जिसके बिन विनिमय हो पाता!

मृगमरीचिका के चिर पथ पर,
सुख आता प्यासों के पग धर,
रुद्ध हृदय के पट लेता कर,
गर्वित कहता 'मैं मधु हूँ मुझसे क्या पतझर का नाता'!

दुख के पद छू बहते झर झर,
कण कण से आँसू के निर्झर,
हो उठता जीवन मृदु उर्वर,
लघु मानस में वह असीम जग को आमन्त्रित कर लाता!

27

तुहिन के पुलिनों पर छबिमान
किसी मधुदिन की लहर समान,
स्वप्न की प्रतिमा पर अनजान
वेदना का ज्यों छाया-दान;

विश्व में यह भोला जीवन—
स्वप्न जागृति का मूक मिलन,
बाँध अंचल में विस्मृति-धन
कर रहा किसका अन्वेषण?

धूलि के कण में नभ सी चाह
बिन्दु में दुख का जलधि अथाह,
एक स्पन्दन में स्वप्न अपार
एक पल असफलता का भार;

साँस में अनुतापों का दाह
कल्पना का अविराम प्रवाह,
यही तो हैं इसके लघु प्राण
शाप-वरदानों के सन्धान!

भरे उर में छबि का मधुमास
दृगों में अश्रु अधर में हास,
ले रहा किसका पावस प्यार
विपुल लघु प्राणों में अवतार?

नील नभ का असीम विस्तार
अनल के धूमिल कण दो चार
सलिल से निर्झर वीचि-विलास
मन्द मलयानिल से उच्छ्वास

धरा से ले परमाण उधार
किया किसने मानव साकार?

दृगों में सोते हैं अज्ञात
निदाघों के दिन पावस रात;
सुधा का मधुहाला का राग
व्यथा के घन अतृप्ति की आग!

छिपे मानस में पवि-नवनीत
निमिष की गति निर्झर के गीत
अश्रु की ऊर्म्मि हास का वात
कुहू का तम माधव का प्रात,

हो गये क्या उर में वपुपान
क्षुद्रता रज की नभ का मान,
स्वर्ग की छबि रौरव की छाँह
शीत हिम की बाड़व का दाह?

और—यह विस्मय का संसार
अखिल वैभव का राजकुमार,
धूलि में क्यों खिलकर नादान
उसी में होता अन्तर्धान?

काल के प्याले में अभिनव
ढाल जीवन का मधु-आसव,
नाश के हिम-अधरों से, मौन
लगा देता है आकर कौन?

बिखर कर कन कन के लघुप्राण
गुनगुनाते रहते यह तान,
'अमरता है जीवन का ह्रास
मृत्यु जीवन का चरम विकास'!

दूर है अपना लक्ष्य महान
एक जीवन पग एक समान;
अलक्षित परिवर्तन की डोर
खींचती हमें इष्ट की ओर!

छिपा कर उर में निकट प्रभात
गहनतम होती पिछली रात;
सघन वारिद अम्बर से छूट
सफल होते जल कण में फूट!

स्निग्ध अपना जीवन कर क्षार
दीप करता आलोक-प्रसार;
गला कर मृत्पिण्डों में प्राण
बीज करता असंख्य निर्माण!

सृष्टि का है यह अमिट विधान
एक मिटने में सौ वरदान,
नष्ट कब अणु का हुआ प्रयास
विफलता में है पूर्ति-विकास!

28

वे मधुदिन जिनकी स्मृतियों की
धुँधली रेखाएँ खोयीं,
चमक उठेंगे इन्द्रधनुष से
मेरे विस्मृति के घन में!

झंझा की पहली नीरवता–
सी नीरव मेरी साधें,
भर देंगी उन्माद प्रलय का
मानस की लघु कम्पन में!

सोते जो असंख्य बुद्‌बुद से
बेसुध सुख मेरे सुकुमार;
फूट पड़ेंगे दुख सागर की
सिहरी धीमी स्पन्दन में!

मूक हुआ जो शिशिर-निशा में
मेरे जीवन का संगीत,
मधु-प्रभात में भर देगा वह
अन्तहीन लय कण कण में!

29

स्मित तुम्हारी से छलक यह ज्योत्स्ना अम्लान,
जान कब पायी हुआ उसका कहाँ निर्माण!

अचल पलकों में जड़ी सी तारिकाएँ दीन,
ढूँढ़ती अपना पता विस्मित निमेषविहीन!

गगन जो तेरे विशद अवसाद का आभास,
पूछता 'किसने दिया यह नीलिमा का न्यास'!

निठुर क्यों फैला दिया यह उलझनों का जाल,
आप अपने को जहाँ सब ढूँढ़ते बेहाल!

काल-सीमा-हीन सूने में रहस्यनिधान!
मूर्तिमत् कर वेदना तुमने गढ़े जो प्राण;

धूलि के कण में उन्हें बन्दी बना अभिराम,
पूछते हो अब अपरिचित से उन्हीं का नाम!

पूछता क्या दीप है आलोक का आवास?
सिन्धु को कब खोजने लहरें उड़ीं आकाश!

धड़कनों से पूछता क्या हृदय की पहचान?
क्या कभी कलिका रही मकरन्द से अनजान?

क्या पता देते घनों को वारि-बिन्दु असार?
क्या नहीं दृग जानते निज आँसुओं का भार?

चाह की मृदु उँगलियों ने छू हृदय के तार,
जो तुम्हीं में छेड़ दी मैं हूँ वही झंकार!

नींद के नभ में तुम्हारे स्वप्न-पावस-काल,
आँकता जिसको वही मैं इन्द्रधनु हूँ बाल!

तृप्ति-प्याले में तुम्हीं ने साध का मधु घोल,
है जिसे छलका दिया मैं वही बिन्दु अमोल!

तोड़ कर वह मुकुर जिसमें रूप करता लास,
पूछता आधार क्या प्रतिबिम्ब का आवास?

उर्मियों में झूलता राकेश का आभास,
दूर होकर क्या नहीं है इन्दु के ही पास?

इन हमारे आँसुओं में बरसते सविलास—
जानते हो क्या नहीं किसके तरल उच्छ्वास?

इस हमारी खोज में इस वेदना में मौन,
जानते हो खोजता है पूर्ति अपनी कौन?

यह हमारे अन्त-उपक्रम यह पराजय-जीत,
क्या नहीं रचता तुम्हारी साँस का संगीत?

पूछते फिर किसलिए मेरा पता बेपीर!
हृदय की धड़कन मिली है क्या हृदय को चीर?

30

अलि अब सपने की बात–
हो गया है वह मधु का प्रात!

जब मुरली का मृदु पंचम स्वर,
कर जाता मन पुलकित अस्थिर,
कम्पित हो उठता सुख से भर,
नव लतिका सा गात!

जब उनकी चितवन का निर्झर,
भर देता मधु से मानस-सर,
स्मित से झरतीं किरणें झर झर,
पीते दृग - जलजात!

मिलन-इन्दु बुनता जीवन पर,
विस्मृति के तारों से चादर,
विपुल कल्पनाओं का मन्थर–
बहता सुरभित वात!

अब नीरव मानस-अलि-गुंजन,
कुसुमित मृदु भावों का स्पन्दन,
विरह-वेदना आयी है बन–
तम-तुषार की रात!

31

किसी नक्षत्रलोक से टूट
विश्व के शतदल पर अज्ञात,
ढुलक जो पड़ी ओस की बूँद
तरल मोती सा ले मृदु गात,
नाम से जीवन से अनजान
कहो क्या परिचय दे नादान!

किसी निर्मम कर का आघात
छेड़ता जब वीणा के तार,
अनिल के चल पंखों के साथ
दूर जो उड़ जाती झंकार,
जन्म ही उसे विरह की रात,
सुनावे क्या वह मिलन-प्रभात!

चाह शैशव सा परिचयहीन
पलक-दोलों में पलभर झूल,
कपोलों पर जो ढुल चुपचाप
गया कुम्हला आँखों का फूल,
एक ही आदि-अन्त की साँस—
कहे वह क्या पिछला इतिहास!

मूक हो जाता वारिद-घोष
जगा कर जब सारा संसार,
गूँजती, टकराती असहाय
धरा से जो प्रतिध्वनि सुकुमार,
देश का जिसे न निज का भान,
बतावे क्या अपनी पहचान!

सिन्धु को क्या परिचय दें देव
बिगड़ते बनते वीचि-विलास?
क्षुद्र हैं मेरे बुद्बुद-प्राण
तुम्हीं में सृष्टि तुम्हीं में नाश!
मुझे क्यों देते हो अभिराम!
थाह पाने का दुस्तर काम?

जन्म ही जिसको हुआ वियोग
तुम्हारा ही तो हूँ उच्छ्‌वास;
चुरा लाया जो विश्व-समीर
वही पीड़ा की पहली साँस!
छोड़ क्यों देते बारम्बार,
मुझे तम से करने अभिसार?

छिपा है जननी का अस्तित्व
रुदन में शिशु के अर्थविहीन;
मिलेगा चित्रकार का ज्ञान
चित्र की ही जड़ता में लीन;
दृगों में छिपा अश्रु का हार,
सुभग है तेरा ही उपहार!

32

दिया क्यों जीवन का वरदान?

इसमें है स्मृतियों का कम्पन;
सुप्त व्यथाओं का उन्मीलन;
स्वप्नलोक की परियाँ इसमें
भूल गयीं मुस्कान!

इसमें है झंझा का शैशव;
अनुरंजित कलियों का वैभव;
मलयपवन इसमें भर जाता
मृदु लहरों के गान!

इन्द्रधनुष सा घन-अंचल में;
तुहिन-बिन्दु सा किसलय दल में;
करता है पल पल में देखो
मिटने का अभिमान!

सिकता में अंकित रेखा सा;
वात-विकम्पित दीपशिखा सा;
काल-कपोलों पर आँसू सा
ढुल जाता हो म्लान!

33

सजनि! कौन तम में परिचित सा, सुधि सा, छाया सा, आता?
सूने में सस्मित चितवन से जीवन-दीप जला जाता!

छू स्मृतियों के बाल जगाता,
मूक वेदनाएँ दुलराता,
हृत्तन्त्री में स्वर भर जाता,
बन्द दृगों में, चूम सजल सपनों के चित्र बना जाता!

पलकों में भर नवल नेह-कन,
प्राणों में पीड़ा की कसकन,
श्वासों में आशा की कम्पन,
सजनि! मूक बालक मन को फिर आकुल क्रन्दन सिखलाता!

घन तम में सपने सा आकर,
अलि कुछ करुण स्वरों में गाकर,
किसी अपरिचित देश बुलाकर,
पथ-व्यय के हित अंचल में कुछ बाँध अश्रु के कन जाता!
सजनि! कौन तम में परिचित सा, सुधि सा, छाया सा आता?

34

तुम हो विधु के बिम्ब और मैं
मुग्धा रश्मि अजान,
जिसे खींच लाते अस्थिर कर
कौतूहल के बाण!

कलियों के मृदु प्यालों से जो
करती मधुमद पान,
झाँक, जला देती नीड़ों में
दीपक सी मुस्कान!

लोल तरंगों के तालों पर
करती बेसुध लास;
फैलाती तम के रहस्य पर
आलिंगन का पाश;

ओस-धुले पथ में छिप तेरा
जब आता आह्वान,
भूल अधूरा खेल तुम्हीं में
होती अन्तर्धान!

तुम अनन्त जलराशि ऊर्म्मि मैं
चंचल सी अवदात,
अनिल-निपीड़ित जा गिरती जो
कूलों पर अज्ञात;

हिम-शीतल अधरों से छूकर
तप्त कणों की प्यास,
बिखराती मंजुल मोती से
बुद्बुद में उल्लास,

देख तुम्हें निस्तब्ध निशा में
करते अनुसन्धान,
श्रान्त तुम्हीं में सो जाते जा
जिसके बालक प्राण!

तुम परिचित ऋतुराज मूक मैं
मधुश्री कोमल गात;
अभिमन्त्रित कर जिसे सुलाती
आ तुषार की रात;

पीत पल्लवों में सुन तेरी
पदध्वनि उठती जाग,
फूट फूट पड़ता किसलय मिस
चिरसंचित अनुराग;

मुखरित कर देता मानस-पिक—
तेरा चितवन-प्रात,
छू मादक निःश्वास पुलक
उठते रोओं से पात!

फूलों में मधु से लिखती जो
मधुघड़ियों के नाम,
भर देती प्रभात का अंचल
सौरभ से बिन दाम;

'मधु जाता अलि' जब कह जाती
आ सन्तप्त बयार,
मिल तुझमें उड़ जाता जिसका
जागृति का संसार!

स्वर-लहरी मैं मधुर स्वप्न की
तुम निद्रा के तार,
जिसमें होता इस जीवन का
उपक्रम उपसंहार;

पलकों से पलकों पर उड़कर
तितली सी अम्लान,
निद्रित जग पर बुन देती जो
लय का एक वितान;

मानस-दोलों में सोती शिशु
इच्छाएँ अनजान,
उन्हें उड़ा देती नभ में दे
द्रुत पंखों का दान!

सुख-दुख की मरकत-प्याली से
मधु-अतीत कर पान,
मादकता की आभा से छा
लेती तम के प्राण;

जिसकी साँसें छू हो जाता
छायाजग वपुमान,
शून्य निशा में भटके फिरते
सुधि के मधुर विहान;

इन्द्रधनुष के रंगों से भर
धुँधले चित्र अपार,
देती रहती चिर रहस्यमय
भावों को आकार!

जब अपना संगीत सुलाते
थक वीणा के तार,
घुल जाता उसका प्रभात के
कुहरे सा संसार!

तुम असीम विस्तार ज्योति के
मैं तारक सुकुमार,
तेरी रेखा-रूपहीनता
है जिसमें साकार!

फूलों पर नीरव रजनी के
शून्य पलों के भार,
पानी करते रहते जिसके
मोती के उपहार;

जब समीर-यानों पर उड़ते
मेघों के लघु बाल,
उनके पथ पर जो बुन देता
मृदु आभा के जाल;

जो रहता तम के मानस में
ज्यों पीड़ा का दाग़,
आलोकित करता दीपक सा
अन्तर्हित अनुराग!

जब प्रभात में मिट जाता
छाया का कारागार,
मिल दिन में असीम हो जाता
जिसका लघु आकार!

मैं तुमसे हूँ एक, एक है
जैसे रश्मि-प्रकाश,
मैं तुमसे हूँ भिन्न, भिन्न ज्यों
घन से तडित्-विलास;

मुझे बाँधने आते हो लघु
सीमा में चुपचाप,
कर पाओगे भिन्न कभी क्या
ज्वाला से उत्ताप?

35

कहीं से, आयी हूँ कुछ भूल!

कसक कसक उठती सुधि किसकी?
रुकती सी गति क्यों जीवन की?
क्यों अभाव छाये लेता
विस्मृति-सरिता के कूल?

किसी अश्रुमय घन का हूँ कन,
टूटी स्वर-लहरी की कम्पन,
या ठुकराया गिरा धूलि में
हूँ मैं नभ का फूल

दुख का युग हूँ या सुख का पल,
करुणा का घन या मरु निर्जल,
जीवन क्या है मिला कहाँ
सुधि भूली आज समूल!

प्याले में मधु है या आसव,
बेहोशी है या जागृति नव,
बिन जाने पीना पड़ता है
ऐसा विधि प्रतिकूल!

36

अलि कैसे उनको पाऊँ?

वे आँसू बनकर मेरे,
इस कारण ढुल ढुल जाते,
इन पलकों के बन्धन में,
मैं बाँध बाँध पछताऊँ!

मेघों में विद्युत् सी छबि,
उनकी बनकर मिट जाती,
आँखों की चित्रपटी में,
जिसमें मैं आँक न पाऊँ!

वे आभा बन खो जाते,
शशिकिरणों की उलझन में,
जिसमें उनको कण कण में,
ढूँढ़ूँ पहिचान न पाऊँ

सोते, सागर की धड़कन
बन, लहरों की थपकी से,
अपनी यह करुण कहानी,
जिसमें उनको न सुनाऊँ

वे तारक-बालाओं की,
अपलक चितवन बन आते,
जिसमें उनकी छाया भी,
मैं छू न सकूँ अकुलाऊँ

वे चुपके से मानस में,
आ छिपते उच्छ्वासें बन,

जिसमें उनको साँसों में,
देखूँ पर रोक न पाऊँ!

वे स्मृति बनकर मानस में,
खटका करते हैं निशिदिन,
उनकी इस निष्ठुरता को,
जिसमें मैं भूल न जाऊँ!

37

अश्रु ने सीमित कणों में बाँध ली,
क्या नहीं घन सी, तिमिर सी वेदना?
क्षुद्र तारों से पृथक् संसार में,
क्या कहीं अस्तित्व है झंकार का?

यह क्षितिज को चूमनेवाला जलधि,
क्या नहीं नादान लहरों से बना?
क्या नहीं लघु वारि-बूँदों में छिपी,
वारिदों की गहनता गम्भीरता?

विश्व में वह कौन सीमाहीन है?
हो न जिसका खोज सीमा में मिला!
क्यों रहोगे क्षुद्र प्राणों में नहीं,
क्या तुम्हीं सर्वेश एक महान हो?

38

तेरी आभा का कण नभ को,
देता अगणित दीपक दान;
दिन को कनक-राशि पहनाता,
विधु को चाँदी सा परिधान;

करुणा का लघु बिन्दु युगों से,
भरता छलकाता नव घन;
समा न पाता जग के छोटे,
प्याले में उसका जीवन!

तेरी महिमा की छाया-छबि,
छू होता वारीश अपार;
नील गगन पा लेता घन सा,
तम सा, अन्तहीन विस्तार;

सुषमा का कण एक खिलाता,
राशि राशि फूलों के वन;
शत शत झंझावात प्रलय—
बनता पल में भ्रू-संचालन!

सच है कण का पार न पाया,
बन बिगड़े असंख्य संसार;
पर न समझना देव हमारी—
लघुता है जीवन की हार!

लघु प्राणों के कोने में,
खोयी असीम पीड़ा देखो;
आओ हे निस्सीम! आज
इस रजकण की महिमा देखो!

39

प्राणों के अन्तिम पाहुन!

चाँदनी-धुला, अंजन सा, विद्युत्-मुस्कान बिछाता,
सुरभित समीर-पंखों से उड़ जो नभ में घिर आता,
वह वारिद तुम आना बन!

ज्यों श्रान्त पथिक पर रजनी छाया सी आ मुस्काती,
भारी पलकों में धीरे निद्रा का मधु ढुलकाती,
त्यों करना बेसुध जीवन!

अज्ञातलोक से छिप छिप ज्यों उतर रश्मियाँ आतीं,
मधु पीकर प्यास बुझाने फूलों के उर खुलवातीं,
छिप आना तुम छायातन!

हिम से जड़ नीला अपना निस्पन्द हृदय ले आना,
मेरा जीवन-दीपक धर उसको सस्पन्द बनाना,
हिम होने देना यह तन!

कितनी करुणाओं का मधु कितनी सुषमा की लाली,
पुतली में छान भरी है मैंने जीवन की प्याली,
पी कर लेना शीतल मन!

कितने युग बीत गये इन निधियों का करते संचय,
तुम थोड़े से आँसू दे इन सबको कर लेना क्रय,
अब हो व्यापार-विसर्ज़न!

है अन्तहीन लय यह जग, पल पल है मधुमय कम्पन,
तुम इसकी स्वरलहरी में धोना अपने श्रम के कण,
मधु से भरना सूनापन!

पाहुन से आते जाते कितने सुख के दुख के दल,
वे जीवन के क्षण क्षण में भरते असीम कोलाहल;
तुम बन आना नीरव-क्षण!

तेरी छाया में दिव को हँसता है गर्वीला जग,
तू एक अतिथि जिसका पथ हैं देख रहे अगणित दृग,
साँसों में घड़ियाँ गिन गिन!

40

नींद में सपना बन अज्ञात!
गुदगुदा जाते हो जब प्राण,
ज्ञात होता हँसने का मर्म
तभी तो पाती हूँ यह जान,

प्रथम छूकर किरणों की छाँह
मुस्करातीं कलियाँ क्यों प्रात,
समीरण का छूकर चल छोर
लोटते क्यों हँस हँस कर पात!

प्रथम जब भर आतीं चुपचाप
मोतियों से आँखें नादान
आँकती तब आँसू का मोल
तभी तो आ जाता यह ध्यान,

घुमड़ फिर क्यों रोते नव मेघ
रात बरसा जाती क्यों ओस,
पिघल क्यों हिम का उर अवदात
भरा करता सरिता के कोष!

मधुर अपने स्पन्दन का राग
मुझे प्रिय जब पड़ता पहिचान!
ढूँढ़ती तब जग में संगीत
प्रथम होता उर में यह भान,

वीचियों पर गा करुण विहाग
सुनाता किसको पारावार,
पथिक सा भटका फिरता वात
लिये क्यों स्वरलहरी का भार!

हृदय में खिल कलिका सी चाह
दृगों को जब देती मधुदान,
छलक उठता पुलकों से गात
जान पाता तब मन अनजान,

गगन में हँसता देख मयंक
उमड़ती क्यों जलराशि अपार,
पिघल चलते विधुमणि के प्राण
रश्मियाँ छूते ही सुकुमार!

देख वारिद की धूमिल छाँह
शिखी-शावक क्यों होता भ्रान्त,
शलभ-कुल नित ज्वाला से खेल
नहीं फिर भी क्यों होता श्रान्त!

41

बीते वसन्त की चिर समाधि!

जग-शतदल से नव खेल, खेल
कुछ कह रहस्य की करुण बात,
उड़ गयी अश्रु सा तुझे डाल
किसके जीवन से मिलन रात
रहता जिसका अम्लान रंग—
तू मोती है या अश्रु-हार!

किस हृदय-कुंज में मन्द-मन्द
तू बहती थी बन नेह धार?
कर गयी शीत की निष्ठुर रात
छू कब तेरा जीवन तुषार?
पाती न जगा क्यों मधु-बतास
हे हिम के चिर निस्पन्द भार?

जिस अमर काल का पथ अनन्त
धोते रहते आँसू नवीन,
क्या गया वहीं पद-चिह्न छोड़
छिपकर कोई दुख-पथिक दीन?
जिसकी तुझमें है अमिट रेख
अस्थिर जीवन के करुण काव्य!

कब किसका सुख-सागर अथाह
हो गया विरह से व्यथित प्राण?
तू उड़ी जहाँ से बन उसाँस
फिर हुई मेघ सी मूर्तिमान!
कर गया तुझे पाषाण कौन
दे चिरजीवन का निठुर शाप?

किसने जाता मधुदिवस जान
ली छीन छाँह उसकी अधीर?
रच दी उसको यह धवल सौध
ले साधों की रज, नयन-नीर;
जिसका न अन्त जिसमें न प्राण
हे सुधि के बन्दीगृह अजान!

वे दृग जिनके नव नेहदीप
बुझकर न हुए निष्प्रभ मलीन,
वह उस जिसका अनुराग-कंज
मुँदकर न हुआ मधुहीन दीन,
वह सुषमा का चिर नीड़ गात
कैसे तू रख पाती सँभाल!

प्रिय के मानस में हो विलीन
फिर धड़क उठे जो मूक प्राण,
जिसने स्मृतियों में हो सजीव
देखा नवजीवन का विहान,
वह जिसको पतझर था वसन्त
क्या तेरा पाहुन है समाधि?

दिन बरसा अपनी स्वर्णरेणु
मैली करता जिसकी न सेज,
चौंका पाती जिसके न स्वप्न
निशि मोती के उपहार भेज,
क्या उसकी है निद्रा अनन्त
जिसकी प्रहरी तू मूकप्राण?

42

सजनि तेरे दृग बाल!
चकित से विस्मित से दृग बाल—
आज खोये से आते लौट,
कहाँ अपनी चंचलता हार?
झुकी जातीं पलकें सुकुमार,
कौन से नव रहस्य के भार?
सरल तेरा मृदु हास
अकारण वह शैशव का हास
बन गया कब कैसे चुपचाप,
लाजभीनी सी मृदु मुस्कान!
तडित् सी जो अधरों की ओट,
झाँक हो जाती अन्तर्धान!
सजनि वे पद सुकुमार!
तरंगों से द्रुत पद सुकुमार—
सीखते क्यों चंचल गति भूल,
भरे मेघों की धीमी चाल?
तृषित कन कन क्यों अलि चूम,
अरुण आभा सी देते ढाल?
मुकुर से तेरे प्राण,
विश्व की निधि से तेरे प्राण—
छिपाये से फिरते क्यों आज,
किसी मधुमय पीड़ा का न्यास,
सजल चितवन में क्यों है हास,
अधर में क्यों सस्मित निःश्वास?

43

अश्रु-सिक्त रज से किसने
निर्मित कर मोती सी प्याली,
इन्द्रधनुष के रंगों से
चित्रित कर मुझको दे डाली!

मैंने मधुर वेदनाओं की
उसमें जो मदिरा ढाली,
फूटी सी पड़ती है उसकी
फेनिल, विद्रुम सी लाली?

सुख-दुख की बुद्‌बुद सी लड़ियाँ
बन बन उसमें मिट जातीं,
बूँद बूँद होकर भरती वह
भरकर छलक छलक जाती।

इस आशा से मैं उसमें
बैठी हूँ निष्फल सपने घोल,
कभी तुम्हारे सस्मित अधरों–
को छू वे होंगे अनमोल!

44

धीरे धीरे उतर क्षितिज से
आ वसन्त-रजनी!

तारकमय नव वेणीबन्धन,
शीश-फूल कर शशि का नूतन,
रश्मि-वलय सित घन-अवगुण्ठन,

मुक्ताहल अभिराम बिछा दे
चितवन से अपनी!
पुलकती आ वसन्त-रजनी!

मर्मर की सुमधुर नूपुर-ध्वनि,
अलि-गुंजित पद्मों की किंकिणि,
भर पद-गति में अलस तरंगिणि,

तरल रजत की धार बहा दे
मृदु स्मित से सजनी!
विहँसती आ वसन्त-रजनी!

पुलकित स्वप्नों की रोमावलि,
कर में हो स्मृतियों की अंजलि,
मलयानिल का चल दुकूल अलि!

घिर छाया सी श्याम, विश्व को
आ अभिसार बनी!
सकुचित आ वसन्त-रजनी!

सिहर सिहर उठता सरिता-उर,
खुल-खुल पड़ते सुमन सुधा-भर,
मचल-मचल आते पल फिर फिर,

सुन प्रिय की पद-चाप हो गयी
पुलकित यह अवनी!
सिहरती आ वसन्त-रजनी!

45

पुलक पुलक उर, सिहर सिहर तन,
आज नयन आते क्यों भर भर?

सकुच सलज खिलती शेफाली,
अलस मौलश्री डाली डाली;
बुनते नव प्रवाल कुंजों में,
रजत-श्याम तारों से जाली;

शिथिल मधु-पवन, गिन-गिन मधु-कण,
हरसिंगार झरते हैं झर झर!
आज नयन आते क्यों भर भर?

पिक की मधुमय वंशी बोली,
नाच उठी सुन अलिनी भोली;
अरुण सजल पाटल बरसाता;
तम पर मृदु पराग की रोली;

मृदुल अंक धर, दर्पण सा सर,
आँज रही निशि दृग-इन्दीवर!
आज नयन आते क्यों भर भर?

आँसू बन बन तारक आते,
सुमन हृदय में सेज बिछाते;

कम्पित वानीरों के वन भी,
रह रह करुण विहाग सुनाते;

निद्रा उन्मन, कर कर विचरण,
लौट रही सपने संचित कर!
आज नयन आते क्यों भर भर?

जीवन, जल-कण से निर्मित सा,
चाह-इन्द्रधनु से चित्रित सा;
सजल मेघ सा धूमिल है जग;
चिर नूतन सकरुण पुलकित सा;

तुम विद्युत् बन, आओ पाहुन!
मेरी पलकों में पग धर धर!
आज नयन आते क्यों भर भर?

46

तुम्हें बाँध पाती सपने में!
तो चिरजीवन-प्यास बुझा
लेती उस छोटे क्षण अपने में!

पावस-घन सी उमड़ बिखरती,
शरद-निशा सी नीरव घिरती,
धो लेती जग का विषाद
ढुलते लघु आँसू-कण अपने में!

मधुर राग बन विश्व सुलाती,
सौरभ बन कण कण बस जाती,
भरती मैं संसृति का क्रन्दन
हँस जर्जर जीवन अपने में!

सब की सीमा बन सागर सी,
हो असीम आलोक-लहर सी,
तारोंमय आकाश छिपा
रखती चंचल तारक अपने में!

शाप मुझे बन जाता वर सा,
पतझर मधु का मास अजर सा,
रचती कितने स्वर्ग एक
लघु प्राणों के स्पन्दन अपने में!

साँसें कहतीं अमर कहानी,
पल पल बनता अमिट निशानी,
प्रिय! मैं लेती बाँध मुक्ति
सौ सौ लघुतम बन्धन अपने में!
तुम्हें बाँध पाती सपने में।

47

आज क्यों तेरी वीणा मौन?

शिथिल शिथिल तन, थकित हुए कर,
स्पन्दन भी भूला जाता उर,

मधुर कसक सा आज हृदय में
आन समाया कौन?
आज क्यों तेरी वीणा मौन?

झुकती आतीं पलकें निश्चल,
चित्रित निद्रित से तारक चल,

सोता पारावार दृगों में
भर भर लाया कौन?
आज क्यों तेरी वीणा मौन?

बाहर घन-तम, भीतर दुख-तम,
नभ में विद्युत्, तुझ में प्रियतम,

जीवन पावस-रात बनाने
सुधि बन छाया कौन?
आज क्यों तेरी वीणा मौन?

48

कौन तुम मेरे हृदय में?

कौन मेरी कसक में नित
मधुरता भरता अलक्षित?
कौन प्यासे लोचनों में
घुमड़ घिर झरता अपरिचित?

स्वर्ण-स्वप्नों का चितेरा
नींद के सूने निलय में!
कौन तुम मेरे हृदय में?

अनुसरण निःश्वास मेरे
कर रहे किसका निरन्तर?
चूमने पदचिह्न किसके
लौटते यह श्वास फिर फिर?

कौन बन्दी कर मुझे अब
बँध गया अपनी विजय में?
कौन तुम मेरे हृदय में?

एक करुण अभाव में चिर—
तृप्ति का संसार संचित;
एक लघु क्षण दे रहा
निर्वाण के वरदान शत शत;

पा लिया मैंने किसे इस
वेदना के मधुर क्रय में?
कौन तुम मेरे हृदय में?

गूँजता उर में न जाने
दूर के संगीत सा क्या!
आज खो निज को मुझे
खोया मिला, विपरीत सा क्या!

क्या नहा आयी विरह-निशि
मिलन-मधु-दिन के उदय में?
कौन तुम मेरे हृदय में?

तिमिर-पारावार में
आलोक-प्रतिमा है अकम्पित;
आज ज्वाला से बरसता
क्यों मधुर घनसार सुरभित?

सुन रही हूँ एक ही
झंकार जीवन में प्रलय में?
कौन तुम मेरे हृदय में?

मूक सुख दुख कर रहे
मेरा नया शृंगार सा क्या?
झूम गर्वित स्वर्ग देता—
नत धरा को प्यार सा क्या?

आज पुलकित सृष्टि क्या?
करने चली अभिसार लय में?
कौन तुम मेरे हृदय में?

49

विरह का जलजात जीवन, विरह का जलजात!

वेदना में जन्म, करुणा में मिला आवास;
अश्रु चुनता दिवस इसका, अश्रु गिनती रात!
जीवन विरह का जलजात!

आँसुओं का कोष उर, दृग अश्रु की टकसाल;
तरल जल-कण से बने घन सा क्षणिक मृदु गात
जीवन विरह का जलजात!

अश्रु से मधुकण लुटाता आ यहाँ मधुमास;
अश्रु ही की हाट बन आती करुण बरसात!
जीवन विरह का जलजात!

काल इसको दे गया पल-आँसुओं का हार!
पूछता इसकी कथा निःश्वास ही में वात!
जीवन विरह का जलजात!

जो तुम्हारा हो सके लीलाकमल यह आज;
खिल उठे निरुपम तुम्हारी देख स्मित का प्रात!
जीवन विरह का जलजात!

50

बीन भी हूँ मैं तुम्हारी रागिनी भी हूँ!

नींद थी मेरी अचल निस्पन्द कण कण में,
प्रथम जागृति थी जगत् के प्रथम स्पन्दन में,
प्रलय में मेरा पता पदचिह्न जीवन में,
शाप हूँ जो बन गया वरदान बन्धन में,
कूल भी हूँ कूलहीन प्रवाहिनी भी हूँ!

नयन में जिसके जलद वह तृषित चातक हूँ,
शलभ जिसके प्राण में वह निठुर दीपक हूँ,
फूल को उर में छिपाये विकल बुलबुल हूँ,
एक हो कर दूर तन से छाँह वह चल हूँ,
दूर तुमसे हूँ अखण्ड सुहागिनी भी हूँ!

आग हूँ जिससे ढुलकते बिन्दु हिमजल के,
शून्य हूँ जिसको बिछे हैं पाँवड़े पल के;
पुलक हूँ वह जो पला है कठिन प्रस्तर में,
हूँ वही प्रतिबिम्ब जो आधार के उर में,
नील घन भी हूँ सुनहली दामिनी भी हूँ!

नाश भी हूँ मैं अनन्त विकास का क्रम भी,
त्याग का दिन भी चरम आसक्ति का तम भी,
तार भी आघात भी झंकार की गति भी,
पात्र भी मधु भी मधुप भी मधुर विस्मृति भी,
अधर भी हूँ और स्मित की चाँदनी भी हूँ!

51

रूपसि तेरा घन-केश-पाश!
श्यामल श्यामल कोमल कोमल,
लहराता सुरभित केश-पाश!

नभगंगा की रजतधार में,
धो आयी क्या इन्हें रात?
कम्पित हैं तेरे सजल अंग,
सिहरा सा तन हे सद्यस्नात!
भीगी अलकों के छोरों से
चूतीं बूँदें कर विविध लास!
रूपसि तेरा घन-केश-पाश!

सौरभभीना झीना गीला
लिपटा मृद अंजन सा दुकूल;
चल अंचल से झर झर झरते
पथ में जुगनू के स्वर्ण-फूल,
दीपक से देता बार बार
तेरा उज्ज्वल चितवन-विलास!
रूपसि तेरा घन-केश-पाश!

उच्छ्वसित वक्ष पर चंचल है
वक पाँतों का अरविन्द-हार;
तेरी निःश्वासें छू भू को
बन बन जाती मलयज बयार;
केकी-रव की नूपुर-ध्वनि सुन
जगती जगती की मूक प्यास!
रूपसि तेरा घन-केश-पाश!

इन स्निग्ध लटों से छा दे तन
पुलकित अंकों में भर विशाल;
झुक सस्मित शीतल चुम्बन से
अंकित कर इसका मृदुल भाल;
दुलरा दे ना, बदला दे ना
यह तेरा शिशु जग है उदास!
रूपसि तेरा घन-केश-पाश!

52

तुम मुझ में प्रिय! फिर परिचय क्या!

तारक में छबि, प्राणों में स्मृति,
पलकों में नीरव पद की गति,
लघु उर में पुलकों की संसृति,

भर लायी हूँ तेरी चंचल
और करूँ जग में संचय क्या!

तेरा मुख सहास अरुणोदय,
परछाईं रजनी विषादमय,
यह जागृति वह नींद स्वप्नमय,

खेल खेल थक थक सोने दो
मैं समझूँगी सृष्टि-प्रलय क्या!

तेरा अधर-विचुम्बित प्याला,
तेरी ही स्मित-मिश्रित हाला,
तेरा ही मानस मधुशाला,

फिर पूछूँ क्या मेरे साकी!
देते हो मधुमय विषमय क्या?

रोम रोम में नन्दन पुलकित,
साँस साँस में जीवन शत शत,
स्वप्न स्वप्न में विश्व अपरिचित,

मुझ में नित बनते मिटते प्रिय!
स्वर्ग मुझे क्या, निष्क्रिय लय क्या?

हारूँ तो खोऊँ अपनापन,
पाऊँ प्रियतम में निर्वासन,
जीत बनूँ तेरा ही बन्धन,

भर लाऊँ सीपी में सागर
प्रिय! मेरी अब हार विजय क्या?

चित्रित तू मैं हूँ रेखा-क्रम,
मधुर राग तू मैं स्वर-संगम,
तू असीम मैं सीमा का भ्रम,

काया छाया में रहस्यमय!
प्रेयसि प्रियतम का अभिनय क्या!

53

मधुर मधुर मेरे दीपक जल!
युग युग प्रतिदिन प्रतिक्षण प्रतिपल,
प्रियतम का पथ आलोकित कर!

सौरभ फैला विपुल धूप बन,
मृदुल मोम सा घुल रे मृदु तन;
दे प्रकाश का सिन्धु अपरिमित,
तेरे जीवन का अणु गल गल!
पुलक पुलक मेरे दीपक जल!

सारे शीतल कोमल नूतन,
माँग रहे तुझसे ज्वाला-कण
विश्व-शलभ सिर धुन कहता 'मैं
हाय न जल पाया तुझ में मिल'!
सिहर सिहर मेरे दीपक जल!

जलते नभ में देख असंख्यक,
स्नेहहीन नित कितने दीपक;
जलमय सागर का उर जलता,
विद्युत् ले घिरता है बादल!
विहँस विहँस मेरे दीपक जल!

द्रुम के अंग हरित कोमलतम,
ज्वाला को करते हृदयंगम;
वसुधा के जड़ अन्तर में भी,
बन्दी है तापों की हलचल!
बिखर बिखर मेरे दीपक जल!

मेरी निःश्वासों से द्रुततर,
सुभग न तू बुझने का भय कर;
मैं अंचल की ओट किये हूँ,
अपनी मृदु पलकों से चंचल!
सहज सहज मेरे दीपक जल!

सीमा ही लघुता का बन्धन,
है अनादि तू मत घड़ियाँ गिन;
मैं दृग के अक्षय कोषों से—
तुझ में भरती हूँ आँसू जल!
सजल सजल मेरे दीपक जल!

तम असीम तेरा प्रकाश चिर,
खेलेंगे नव खेल निरन्तर;
तम के अणु अणु में विद्युत् सा—
अमिट चित्र अंकित करता चल!
सरल सरल मेरे दीपक जल!

तू जल जल जितना होता क्षय,
वह समीप आता छलनामय;
मधुर मिलन में मिट जाना तू—
उसकी उज्ज्वल स्मित में घुल खिल!
मदिर मदिर मेरे दीपक जल!

प्रियतम का पथ आलोकित कर!

54

पथ देख बिता दी रैन
मैं प्रिय पहचानी नहीं!

तम ने धोया नभ-पन्थ
सुवासित हिमजल से;
सूने आँगन में दीप
जला दिये झिलमिल से;

आ प्रात बुझा गया कौन
अपरिचित, जानी नहीं!
मैं प्रिय पहचानी नहीं!

धर कनक-थाल में मेघ
सुनहला पाटल सा,
कर बालारुण का कलश
विहग-रव मंगल सा,

आया प्रिय-पथ से प्रात—
सुनायी कहानी नहीं!
मैं प्रिय पहचानी नहीं!

नव इन्द्रधनुष सा चीर
महावर अंजन ले,
अलि-गुंजित मीलित पंकज—
—नूपुर रुनझुन ले,

फिर आयी मनाने साँझ
मैं बेसुध मानी नहीं!
मैं प्रिय पहचानी नहीं!

इन श्वासों को इतिहास
आँकते युग बीते,
रोमों में भर भर पुलक
लौटते पल रीते;

यह ढुलक रही है याद
नयन से पानी नहीं!
मैं प्रिय पहचानी नहीं।

अलि कुहरा सा नभ, विश्व
मिटे बुद्‌बुद-जल सा;
यह दुख का राज्य अनन्त
रहेगा निश्चल सा;

हूँ प्रिय की अमर सुहागिनि
पथ की निशानी नहीं!
मैं प्रिय पहचानी नहीं!

55

घन बनूँ वर दो मुझे प्रिय!

जलधि-मानस से नव जन्म पा
सुभग तेरे ही दृग-व्योम में,

सजल श्यामल मन्थर मूक सा
तरल अश्रु विनिर्मित गात ले,

नित घिरूँ झर झर मिटूँ प्रिय!
घन बनूँ वर दो मुझे प्रिय!

56

मैं बनी मधुमास आली!

आज मधुर विषाद की घिर करुण आयी यामिनी;
बरस सुधि के इन्दु से छिटकी पुलक की चाँदनी;

उमड़ आयी री दृगों में
सजनि कालिन्दी निराली!

रजत-स्वप्नों में उदित अपलक विरल तारावली;
जाग सुख-पिक ने अचानक मदिर पंचम तान ली;

बह चली निःश्वास की मृदु
वात मलय-निकुंज-पाली!

सजल रोमों में बिछे हैं पाँवड़े मधुस्नात से;
आज जीवन के निमिष भी दूत हैं अज्ञात से;

क्या न अब प्रिय की बजेगी
मुरलिका मधु-रागवाली?

मैं बनी मधुमास आली!

57

एक बार आओ इस पथ से
मलय-अनिल बन हे चिर चंचल!

अधरों पर स्मित सी किरणें ले
श्रमकण से चर्चित सकरुण मुख,
अलसायी है विरह-यामिनी
पथ में लेकर सपने सुख-दुख,
आज सुला दो चिर निद्रा में
सुरभित कर इसके चल कुन्तल!

मृदु नभ के उर में छाले से
निष्ठुर प्रहरी से पल पल के,
शलभ न जिन पर मँडराते प्रिय!
भस्म न बनते जो जल जल के,
आज बुझा जाओ अम्बर के
स्नेहहीन यह दीपक झिलमिल!

तम ही तुम हो और विश्व में
मेरा चिर परिचित सूनापन,
मेरी छाया हो मुझमें लय
छाया में संसृति का स्पन्दन;
मैं पाऊँ सौरभ का जीवन
तेरी निःश्वासों में घुल-मिल!

58

तेरी सुधि बिन क्षण क्षण सूना!

कम्पित कम्पित,
पुलकित पुलकित,
परछाईं मेरी से चित्रित,
रहने दो रज का मंजु-मुकुर,
इस बिन शृंगार-सदन सूना!
तेरी सुधि बिन क्षण क्षण सूना!

सपने औ' स्मित
जिसमें अंकित,
सुख दुख के डोरों से निर्मित;
अपनेपन की अवगुण्ठन बिन
मेरा अपलक आनन सूना!
तेरी सुधि बिन क्षण क्षण सूना!

जिसका चुम्बन,
चौंकाता मन,
बेसुधपन में भरता जीवन,
भूलों के शूलों बिन नूतन,
उर का कुसुमित उपवन सूना!
तेरी सुधि बिन क्षण क्षण सूना!

दृग-पुलिनों पर,
हिम से मृदुतर,
करुणा की लहरों में बहकर,
जो आ जाते मोती, उन बिन,
नवनिधियोंमय जीवन सूना!
तेरी सुधि बिन क्षण क्षण सूना!

जिसका रोदन,
जिसकी किलकन,
मुखरित कर देते सूनापन,
इन मिलन-विरह-शिशुओं के बिन
विस्तृत जग का आँगन सूना!
तेरी सुधि बिन क्षण क्षण सूना!

59

टूट गया वह दर्पण निर्मम!

उसमें हँस दी मेरी छाया,
मुझमें रो दी ममता माया,
अश्रु-हास ने विश्व सजाया,

रहे खेलते आँखमिचौनी
प्रिय! जिसके परदे में 'मैं' 'तुम'
टूट गया वह दर्पण निर्मम!

अपने दो आकार बनाने,
दोनों का अभिसार दिखाने,
भूलों का संसार बसाने,

जो झिलझिल झिलमिल सा तुमने
हँस हँस दे डाला था निरुपम!
टूट गया वह दर्पण निर्मम!

कैसा पतझर कैसा सावन,
कैसी मिलन विरह की उलझन,
कैसा पल घड़ियोंमय जीवन,

कैसे निशि-दिन कैसे सुख-दुख
आज विश्व में तुम हो या तम!
टूट गया वह दर्पण निर्मम!

किसमें देख सँवारूँ कुन्तल,
अंगराग पुलकों का मल मल,
स्वप्नों से आँजूँ पलकें चल,

किस पर रीझूँ किस से रूठूँ,
भर लूँ किस छबि से अन्तरतम!
टूट गया वह दर्पण निर्मम!

आज कहाँ मेरा अपनापन,
तेरे छिपने का अवगुण्ठन,
मेरा बन्धन तेरा साधन,

तुम मुझ में अपना सुख देखो
मैं तुम में अपना दुख प्रियतम!
टूट गया वह दर्पण निर्मम!

60

प्रिय! मैं हूँ एक पहेली भी!

जितना मधु जितना मधुर हास
जितना मद तेरी चितवन में
जितना क्रन्दन जितना विषाद
जितना विष जग के स्पन्दन में

पी पी मैं चिर दुख-प्यास बनी
सुख-सरिता की रँगरेली भी!

मेरे प्रतिरोमों से अविरत,
झरते हैं निर्झर और आग;
करती विरक्ति आसक्ति प्यार,
मेरे श्वासों में जाग जाग;

प्रिय मैं सीमा की गोदपली
पर हूँ असीम से खेली भी!

61

मुस्काता संकेत-भरा नभ
अलि क्या प्रिय आनेवाले हैं?

विद्युत् के चल स्वर्णपाश में बँध हँस देता रोता जलधर;
अपने मृदु मानस की ज्वाला गीतों से नहलाता सागर;
दिन निशि को, देती निशि दिन को
कनक-रजत के मधु-प्याले हैं!
अलि क्या प्रिय आनेवाले हैं?

मोती बिखराती नूपुर के छिप तारक परियाँ नर्तन कर;
हिमकण पर आता जाता—मलयानिल परिमल से अंजलि भर;
भ्रान्त पथिक से फिर फिर आते
विस्मित पल क्षण मतवाले हैं?
अलि क्या प्रिय आनेवाले हैं?

सघन वेदना के तम में, सुधि जाती सुख सोने के कण भर;
सुरधनु नव रचतीं निःश्वासें, स्मित का इन भीगे अधरों पर;
आज आँसुओं के कोषों पर
स्वप्न बने पहरेवाले हैं!
अलि क्या प्रिय आनेवाले हैं?

नयन श्रवणमय श्रवण नयनमय आज हो रहे कैसी उलझन!
रोम रोम में होता री सखि एक नया उर का सा स्पन्दन!
पुलकों से भर फूल बन गये
जितने प्राणों के छाले हैं?
अलि क्या प्रिय आनेवाले हैं?

62

लाये कौन सन्देश नये घन!

अम्बर गर्वित
हो आया नत

चिर निस्पन्द हृदय में उसके
उमड़े री पुलकों के सावन
लाये कौन सन्देश नये घन!

चौंकी निद्रित,
रजनी अलसित,

श्यामल पुलकित कम्पित कर में
दमक उठे विद्युत् के कंकण!
लाये कौन सन्देश नये घन!

दिशि का चंचल,
परिमल अंचल,

छिन्न हार से बिखर पड़े सखि!
जुगनू के लघु हीरक के कण!
लाये कौन सन्देश नये घन!

जड़ जग स्पन्दित,
निश्चल कम्पित,

फूट पड़े अवनी के संचित
सपने मृदुतम अंकुर बन बन!
लाये कौन सन्देश नये घन!

रोया चातक,
सकुचाया पिक,

मत्त मयूरों ने सूने में
झड़ियों का दुहराया नर्तन!
लाये कौन सन्देश नये घन!

सुख दुख से भर
आया लघु उर,

मोती से उजले जलकण से
छाये मेरे विस्मित लोचन!
लाये कौन सन्देश नये घन!

63

कहता जग दुख को प्यार न कर!

अनबींधे मोती यह दृग के,
बँध पाये बन्धन में किसके?
पल पल बनते पल पल मिटते,
तू निष्फल गुथ गुथ हार न कर
कहता जग दुख को प्यार न कर!

किसने निज को खोकर पाया?
किसने पहचानी वह छाया?
तू भ्रम वह तम तेरा प्रियतम
आ सूने में अभिसार न कर!
कहता जग दुख को प्यार न कर!

यह मधुर कसक तेरे उर की,
कंचन की और न हीरक की;
मेरी स्मित से इसका विनिमय
कर ले या चल व्यापार न कर!
कहता जग दुख को प्यार न कर!

दर्पणमय है अणु अणु मेरा,
प्रतिबिम्बित रोम रोम तेरा;
अपनी प्रतिछाया से भोले!
इतनी अनुनय मनुहार न कर!
कहता जग दुख को प्यार न कर!

सुख-मधु में क्या दुख का मिश्रण?
दुख-विष में क्या सुख-मिश्री-कण!
जाना कलियों के देश तुझे
तो शूलों से श्रृंगार न कर!

कहता जग दुख को प्यार न कर!

64

तुम दुख बन इस पथ से आना!

शूलों में नित मृदु पाटल सा,
खिलने देना मेरा जीवन;
क्या हार बनेगा वह जिसने
सीखा न हृदय को बिंधवाना!

वह सौरभ हूँ मैं जो उड़कर
कलिका में लौट नहीं पाता;
पर कलिका के नाते ही प्रिय
जिसको जग ने सौरभ जाना!

नित जलता रहने दो तिल तिल,
अपनी ज्वाला में उर मेरा;
इसकी विभूति में, फिर आकर
अपने पद-चिह्न बना जाना!

वर देते हो तो कर दो ना,
चिर आँखमिचौनी यह अपनी;
जीवन में खोज तुम्हारी है
मिटना ही तुमको छू पाना!

प्रिय! तेरे उर में जग जावे,
प्रतिध्वनि जब मेरे पी पी की;
उसको जग समझे बादल में
विद्युत् का बन बन मिट जाना!

तुम चुपके से आ बस जाओ,
सुख-दुख सपनों में श्वासों में;

पर मन कह देगा 'यह वे हैं'
आँखें कह देंगी 'पहचाना'!

जड़ जग के अणुओं में स्मित से,
तुमने प्रिय जब डाला जीवन;
मेरी आँखों ने सींच उन्हें
सिखलाया हँसना खिल जाना!

कुहरा जैसे घन आतप में,
यह संसृति मुझमें लय होगी;
अपने रागों से लघु वीणा
मेरी मत आज जगा जाना!

तुम दुख बन इस पथ से आना!

65

दूर घर मैं पथ से अनजान!

मेरी ही चितवन से उमड़ा तम का पारावार;
मेरी आशा के नव अंकुर शूलों में साकार;
पुलिन सिकतामय मेरे प्राण!

मेरे निःश्वासों से बहती रहती झंझावात;
आँसू में दिन रात प्रलय के घन करते उत्पात;
कसक में विद्युत् अन्तर्धान!

मेरी ही प्रतिध्वनि करती पल पल मेरा उपहास;
मेरी पदध्वनि में होता नित औरों का आभास;
नहीं मुझसे मेरी पहचान!

दुख में जाग उठा अपनेपन का सोता संसार;
सुख में सोयी री प्रिय-सुधि की अस्फुट सी झंकार;
हो गये सुख दुख एक समान!

बिन्दु बिन्दु ढुलने से भरता उर में सिन्धु महान;
तिल तिल मिटने से होता है चिर जीवन निर्माण;
न सुलझी यह उलझन नादान!

पल पल के झरने से बनता युग का अद्भुत हार;
श्वास श्वास खोकर जग करता नित दिव से व्यापार;
यही अभिशाप यही वरदान!

इस पथ का कण कण आकर्षण, तृण तृण में अपनाव;
उसमें मूक पहेली है पर इसमें अमिट दुराव;
हृदय को बन्धन में अभिमान!
दूर घर मैं पथ से अनजान!

66

क्या पूजन क्या अर्चन रे!

उस असीम का सुन्दर मन्दिर मेरा लघुतम जीवन रे!
मेरी श्वासें करती रहतीं नित प्रिय का अभिनन्दन रे!

पदरज को धोने उमड़े आते लोचन में जल-कण रे!
अक्षत पुलकित रोम, मधुर मेरी पीड़ा का चन्दन रे!

स्नेहभरा जलता है झिलमिल मेरा यह दीपक-मन रे!
मेरे दृग के तारक में नव उत्पल का उन्मीलन रे!

धूप बने उड़ते जाते हैं प्रतिपल मेरे स्पन्दन रे!
प्रिय प्रिय जपते अधर, ताल देता पलकों का नर्तन रे!

67

लय गीत मदिर, गति ताल अमर,
अप्सरि तेरा नर्तन सुन्दर!

आलोक-तिमिर सित-असित चीर,
सागर-गर्जन रुनझुन मँजीर;
उड़ता झंझा में अलक-जाल,
मेघों में मुखरित किंकिण-स्वर!
अप्सरि तेरा नर्तन सुन्दर!

रवि-शशि तेरे अवतंस लोल,
सीमन्त-जटित तारक अमोल;
चपला विभ्रम, स्मित इन्द्रधनुष,
हिमकण बन झरते स्वेद-निकर!
अप्सरि तेरा नर्तन सुन्दर!

युग है पलकों का उन्मीलन,
स्पन्दन में अगणित लय जीवन;
तेरी श्वासों में नाच नाच
उठता बेसुध जग सचराचर!
अप्सरि तेरा नर्तन सुन्दर!

तेरी प्रतिध्वनि बनती मधुदिन,
तेरी समीपता पावस-क्षण;
रूपसि! छूते ही तुझमें मिट,
जड़ पा लेता वरदान अमर!
अप्सरि तेरा नर्तन सुन्दर!

जड़ कण कण के प्याले झलमल,
छलकी जीवन-मदिरा छलछल;

पीती थक झुक झुक झूम झूम;
तू घूँट घूँट फेनिल सीकर!
अप्सरि तेरा नर्तन सुन्दर!

बिखराती जाती तू सहास,
नव तन्मयता उल्लास लास;
हर अणु कहता उपहार बनूँ
पहले छू लूँ जो मृदुल अधर!
अप्सरि तेरा नर्तन सुन्दर!

हे सृष्टि-प्रलय के आलिंगन!
सीमा-असीम के मूक मिलन!
कहता है तुझको कौन घोर,
तू चिर रहस्यमयि कोमलतर!
अप्सरि तेरा नर्तन सुन्दर!

तेरे हित जलते दीप-प्राण,
खिलते प्रसून हँसते विहान;
श्यामांगिनि! तेरे कौतुक को
बनता जग मिट मिट सुन्दरतर!
प्रिय प्रेयसि! तेरा लास अमर!

68

तुम सो जाओ मैं गाऊँ!

मुझको सोते युग बीते,
तुमको यों लोरी गाते;
अब आओ मैं पलकों में
स्वप्नों से सेज बिछाऊँ!

प्रिय! तेरे नभमन्दिर के
मणिदीपक बुझ बुझ जाते;
जिनका कण कण विद्युत है
मैं ऐसे प्राण जलाऊँ!

क्यों जीवन के शूलों में
प्रतिक्षण आते जाते हो?
ठहरो सुकुमार! गला कर
मोती पथ में फैलाऊँ!

पथ की रज में हैं अंकित,
तेरे पदचिह्न अपरिचित;
मैं क्यों न इसे अंजन कर
आँखों में आज बसाऊँ!

जल सौरभ फैलाता उर,
तब स्मृति जलती है तेरी;
लोचन कर पानी पानी
मैं क्यों न उसे सिंचवाऊँ!

इन भूलों में मिल जातीं,
कलियाँ तेरी माला की;

मैं क्यों न इन्हीं काँटों का
संचय जग को दे जाऊँ?

अपनी असीमता देखो,
लघु दर्पण में पल भर तुम;
मैं क्यों न यहाँ क्षण क्षण को
धो धो कर मुकुर बनाऊँ!

हँसने में छू जाते तुम,
रोने में वह सुधि आती;
मैं क्यों न जगा अणु अणु को
हँसना रोना सिखलाऊँ!

69

प्रिय! सान्ध्य गगन
मेरा जीवन!

यह क्षितिज बना धुँधला विराग,
नव अरुण अरुण मेरा सुहाग,
छाया सी काया वीतराग,
सुधिभीने स्वप्न रँगीले घन!

साधों का आज सुनहलापन,
घिरता विषाद का तिमिर सघन,
सन्ध्या का नभ से मूक मिलन—
यह अश्रुमती हँसती चितवन!

लाता भर श्वासों का समीर,
जग से स्मृतियों का गन्ध धीर,
सुरभित है जीवन-मृत्यु-तीर,
रोमों में पुलकित कैरव-वन!

अब आदि अन्त दोनों मिलते,
रजनी-दिन-परिणय से खिलते,
आँसू मिस हिम के कण ढुलते,
ध्रुव आज बना स्मृति का चल क्षण!

इच्छाओं के सोने से शर,
किरणों से द्रुत झीने सुन्दर,
सूने असीम नभ में चुभकर—
बन बन आते नक्षत्र-सुमन!

घर आज चले सुख-दुःख विहग!
तम पोंछ रहा मेरा अग जग;
छिप आज चला वह चित्रित मग,
उतरो अब पलकों में पाहुन!

70

जाने किस जीवन की सुधि ले
लहराती आती मधु-बयार!

रंजित कर दे यह शिथिल चरण ले नव अशोक का अरुण राग,
मेरे मण्डन को आज मधुर ला रजनीगन्धा का पराग,

यूथी की मीलित कलियों से
अलि दे मेरी कवरी सँवार!

पाटल के सुरभित रंगों से रँग दे हिम-सा उज्ज्वल दुकूल;
गुँथ दे रशना में अलि-गुंजन से पूरित झरते वकुल-फूल;

रजनी से अंजन माँग सजनि
दे मेरे अलसित नयन सार!

तारक लोचन से सींच-सींच नभ करता रज को विरज आज;
बरसाता पथ में हरसिंगार केशर से चर्चित सुमन-लाज

कण्टकित रसालों पर उठता—
है पागल पिक मुझको पुकार!
लहराती आती मधु-बयार!

71

शून्य मन्दिर में बनूँगी आज मैं प्रतिमा तुम्हारी!

अर्चना हों शूल भोले,
क्षार दृग-जल अर्घ्य हो ले,

आज करुणा-स्नात उजला
दुःख हो मेरा पुजारी!

नूपुरों का मूक छूना,
सरब कर दे विश्व सूना,

यह अगम आकाश उतरे
कम्पनों का हो भिखारी!

लोल तारक भी अचंचल,
चल न मेरा एक कुन्तल,

अचल रोमों में समायी
मुग्ध हो गति आज सारी!

राग मद की दूर लाली,
साध भी इसमें न पाली,

शून्य चितवन में बसेगी
मूक हो गाथा तुम्हारी!

72

विरह की घड़ियाँ हुई अलि मधुर मधु की यामिनी सी!

दूर के नक्षत्र लगते पुतलियों से पास प्रियतर,
शून्य नभ की मूकता में गूँजता आह्वान का स्वर,

आज है निःसीमता
लघु प्राण की अनुगामिनी सी!

एक स्पन्दन कह रहा है अकथ युग युग की कहानी;
हो गया स्मित से मधुर इन लोचनों का क्षार पानी;

मूक प्रति निःश्वास है
नव स्वप्न की अनुरागिनी सी!

सजनि! अन्तर्हित हुआ है 'आज' में धुँधला विफल 'कल'
हो गया है मिलन एकाकार मेरे विरह में मिल;

राह मेरी देखतीं
स्मृति अब निराश पुजारिनी सी!

फैलते हैं सान्ध्य नभ में भाव ही मेरे रँगीले;
तिमिर की दीपावली हैं रोम मेरे पुलक-गीले;

बन्दिनी बनकर हुई
मैं बन्धनों की स्वामिनी सी!

73

शलभ मैं शापमय वर हूँ!
किसी का दीप निष्ठुर हूँ!

ताज है जलती शिखा
चिनगारियाँ शृंगारमाला;
ज्वाल अक्षय कोष सी
अंगार मेरी रंगशाला;

नाश में जीवित किसी की साध सुन्दर हूँ!

नयन में रह किन्तु जलती
पुतलियाँ आगार होंगी;
प्राण मैं कैसे बसाऊँ
कठिन अग्नि-समाधि होगी;

फिर कहाँ पालूँ तुझे मैं मृत्यु-मन्दिर हूँ!

हो रहे झर कर दृगों से
अग्नि-कण भी क्षार शीतल;
पिघलते उर से निकल
निःश्वास बनते धूम श्यामल;

एक ज्वाला के बिना मैं राख का घर हूँ!

कौन आया था न जाना
स्वप्न में मुझको जगाने;
याद में उन अँगुलियों के
है मुझे पर युग बिताने;

रात के उर में दिवस की चाह का शर हूँ!

शून्य मेरा जन्म था
अवसान है मुझको सबेरा;
प्राण आकुल के लिए
संगी मिला केवल अँधेरा;
मिलन का मत नाम ले मैं विरह में चिर हूँ!

74

मैं सजग चिर साधना ले!

सजग प्रहरी से निरन्तर,
जागते अलि रोम निर्भर;
निमिष के बुद्बुद मिटाकर,
एक रस है समय-सागर!

हो गयी आराध्यमय मैं विरह की आराधना ले!

मूँद पलकों में अचंचल,
नयन का जादूभरा तिल,
दे रही हूँ अलख अविकल—
को सजीला रूप तिल तिल!

आज वर दो मुक्ति आवे बन्धनों की कामना ले!

विरह का युग आज दीखा,
मिलन के लघु पल सरीखा;
दुःख सुख में कौन तीखा,
मैं न जानी औ न सीखा!

मधुर मुझको हो गये सब मधुर प्रिय की भावना ले!

75

मैं किसी की मूक छाया हूँ न क्यों पहचान पाता!

उमड़ता मेरे दृगों में बरसता घनश्याम में जो,
अधर में मेरे खिला नव इन्द्रधनु अभिराम में जो,

बोलता मुझ में वही जग मौन में जिसको बुलाता!

जो न होकर भी बना सीमा क्षितिज वह रिक्त हूँ मैं,
विरति में भी चिरविरति की बन गयी अनुरक्ति हूँ मैं,

शून्यता में शून्य का अभिमान ही मुझको बनाता!

76

मैं नीरभरी दुख की बदली!

स्पन्दन में चिर निस्पन्द बसा,
क्रन्दन में आहत विश्व हँसा,

नयनों में दीपक से जलते
पलकों में निर्झरिणी मचली!

मेरा पग पग संगीतभरा,
श्वासों से स्वप्न-पराग झरा,

नभ के नव रंग बुनते दुकूल,
छाया में मलय-बयार पली!

मैं क्षितिज-भृकुटि पर घिर धूमिल,
चिन्ता का भार बनी अविरल,

रज-कण पर जल-कण हो बरसी
नवजीवन-अंकुर बन निकली!

पथ को न मलिन करता आना,
पद-चिह्न न दे जाता जाना,

सुधि मेरे आगम की जग में
सुख की सिहरन हो अन्त खिली!

विस्तृत नभ का कोई कोना,
मेरा न कभी अपना होना,

परिचय इतना इतिहास यही
उमड़ी कल थी मिट आज चली!

77

फिर विकल हैं प्राण मेरे!

तोड़ दो यह क्षितिज मैं भी देख लूँ उस ओर क्या है!
जा रहे जिस पन्थ से युग कल्प उसका छोर क्या है?

क्यों मुझे प्राचीर बन कर
आज मेरे श्वास घेरे?

सिन्धु की निःसीमता पर लघु लहर का लास कैसा!
दीप लघु शिर पर धरे आलोक का आकाश कैसा!

दे रही मेरी चिरन्तनता
क्षणों के साथ फेरे!

बिम्बग्राहकता कणों को शलभ को चिर साधना दी,
पुलक से नभ भर धरा को कल्पनामय वेदना दी;

मत कहो हे विश्व! 'झूठे
हैं अतुल वरदान तेरे'!

नभ डुबा पाया न अपनी बाढ़ में भी क्षुद्र तारे,
ढूँढ़ने करुणा मृदुल घन चीर कर तूफ़ान हारे;

अन्त के तम में बुझे क्यों
आदि के अरमान मेरे!

78

चिर सजग आँखें उनींदी आज कैसा व्यस्त बाना!
जाग तुझको दूर जाना!

अचल हिमगिरि के हृदय में आज चाहे कम्प हो ले!
या प्रलय के आँसुओं में मौन अलसित व्योम रो ले;

आज पी आलोक को डोले तिमिर की घोर छाया,
ज़ाग या विद्युत्-शिखाओं में निठुर तूफ़ान बोले!

पर तुझे है नाश-पथ पर चिह्न अपने छोड़ आना!
जाग तुझको दूर जाना!

बाँध लेंगे क्या तुझे यह मोम के बन्धन सजीले?
पन्थ की बाधा बनेंगे तितलियों के पर रँगीले?

विश्व का क्रन्दन भुला देगी मधुप की मधुर गुनगुन,
क्या डुबा देंगे तुझे यह फूल के दल ओस-गीले?

तू न अपनी छाँह को अपने लिए कारा बनाना!
जाग तुझको दूर जाना!

वज्र का उर एक छोटे अश्रुकण में धो गलाया,
दे किसे जीवन-सुधा दो घूँट मदिरा माँग लाया!

सो गयी आँधी मलय की बात का उपधान ले क्या?
विश्व का अभिशाप क्या नींद बनकर पास आया?

अमरता-सुत चाहता क्यों मृत्यु को उर में बसाना?
जाग तुझको दूर जाना!

कह न ठण्डी साँस में अब भूल वह जलती कहानी,
आग हो उर में तभी दृग में सजेगा आज पानी;

हार भी तेरी बनेगी मानिनी जय की पताका,
राख क्षणिक पतंग की है अमर दीपक की निशानी!

है तुझे अंगार-शय्या पर मृदुल कलियाँ बिछाना!
जाग तुझको दूर जाना!

79

कीर का प्रिय आज पिंजर खोल दो!

हो उठी है चंचु छूकर,
तीलियाँ भी वेणु सस्वर;
बन्दिनी स्पन्दित व्यथा ले,
सिहरता जड़ मौन पिंजर!
आज जड़ता में इसी की बोल दो!

क्या तिमिर कैसी निशा है!
आज विदिशा ही दिशा है
दूर-खग आ निकटता के
अमर बन्धन में बसा है!
प्रलय घन में आज राका घोल दो!

जग पड़ा छू अश्रु-धारा,
हत परों का विभव सारा;
अब अलस बन्दी युगों का—
ले उड़ेगा शिथिल कारा!
पंख पर वे सजल सपने तोल दो!

चपल पारद सा विकल तन,
सजल नीरद सा भरा मन,
नाप नीलाकाश ले जो—
बेड़ियों का माप यह बन
एक किरण अनन्त दिन की मोल दो!

80

जाग जाग सुकेशिनी री!

अनिल ने आ मृदुल हौले,
शिथिल वेणी-बन्ध खोले,
पर न तेरे पलक डोले,
बिखरती अलकें झरे जाते
सुमन परवेषिनी री!

छाँह में अस्तित्व खोये,
अश्रु से सब रंग धोये,
मन्दप्रभ दीपक सँजोये,
पन्थ जिसका देखती तू अलस
स्वप्न-निमेषिनी री!

रजत-तारों से घटा बुन,
गगन के चिर दाग़ गिन गिन,
श्रान्त जग के श्वास चुन चुन,
सो गयी क्या नींद का अज्ञात—
पथ-निर्देशिनी री?

दिवस की पद-चाप चंचल,
भ्रान्ति में सुधि सी मधुर चल,
आ रही है निकट प्रतिपल,
निमिष में होगा अरुण जग
ओ विराग-निवेशिनी री!

रूप-रेखा-उलझनों में,
कठिन सीमाबन्धनों में,
जग बँधा निष्ठुर क्षणों में,
अश्रुमय कोमल कहाँ तू
आ गयी परदेशिनी री!

81

हे चिर महान्!

यह स्वर्णरश्मि छू श्वेतभाल,
बरसा जाती रंगीन हास;
सेली बनता है इन्द्रधनुष,
परिमल मल मल जाता बतास!
पर रागहीन तू हिमनिधान!

नभ में गर्वित झुकता न शीश,
पर अंक लिये है दीन क्षार;
मन गल जाता नत विश्व देख,
तन सह लेता है कुलिश-भार
कितने मृदु कितने कठिन प्राण!

टूटी है कब तेरी समाधि,
झंझा लौटे शत हार-हार;
वह चला दृगों से किन्तु नीर;
सुनकर जलते कण की पुकार!
सुख से विरक्त दुख में समान!

मेरे जीवन का आज मूक,
तेरी छाया से हो मिलाप;
तन तेरी साधकता छू ले,
मन ले करुणा की थाह नाप!
उर में पावस दृग में विहान!

82

सखि मैं हूँ अमर सुहाग भरी!
प्रिय के अनन्त अनुराग भरी!
किसको त्यागूँ किसको माँगूँ,
है एक मुझे मधुमय विषमय;
मेरे पद छूते हो होते,
काँटे कलियाँ प्रस्तर रसमय!
पालूँ जग का अभिशाप कहाँ
प्रतिरोमों में पुलकें लहरीं।

जिसको पथ-शूलों का भय हो,
वह खोजे नित निर्जन गह्वर;
प्रिय के सन्देशों के वाहक,
मैं सुख-दुख भेटूँगी भुजभर;
मेरी लघु पलकों से छलकी
इस कण कण में ममता बिखरी!

अरुणा ने यह सीमन्त भरी,
सन्ध्या ने दी पद में लाली;
मेरे अंगों का आलेपन
करती राका रच दीवाली!
जग के दाग़ों को धो-धो कर
होतीं मेरी छाया गहरी!

पद के निक्षेपों से रज में–
नभ का वह छायापथ उतरा;
श्वासों से घिर आती बदली
चितवन करती पतझार हरा!
जब मैं मरु में भरने लाती
दुख से, रीती जीवन-गगरी!

83

तिमिर में वे पदचिह्न मिले!

युग युग का पन्थी आकुल मन,
बाँध रहा पथ के रजकण चुन;
श्वासों में रूँधे दुख के पल
बन बन दीप चले!

अलसित तन में, विद्युत-सी भर,
वर बनते मेरे श्रम-सीकर;
एक एक आँसू में शत शत
शतदल-स्वप्न खिले!
सजनि प्रिय के पदचिह्न मिले!

84

दीप मेरे जल अकम्पित,
घुल अचंचल!

सिन्धु का उच्छ्वास घन है,
तड़ित्, तम का विकल मन है,
भीति क्या नभ है व्यथा का
आँसुओं से सिक्त अंचल!

स्वर-प्रकम्पित कर दिशाएँ,
मीड़ सब भू की शिराएँ,
गा रहे आँधी-प्रलय
तेरे लिए ही आज मंगल!

मोह क्या निशि के वरों का,
शलभ के झुलसे परों का,
साथ अक्षय ज्वाल का
तू ले चला अनमोल सम्बल!

पथ न भूले, एक पग भी,
घर न खोये, लघु विहग भी,
स्निग्ध लौ की तूलिका से
आँक सबकी छाँह उज्ज्वल!

हो लिये सब साथ अपने,
मृदुल आहटहीन सपने,
तू इन्हें पाथेय बिन, चिर
प्यास के मरु में न खो, चल!

धूम में अब बोलना क्या,
क्षार में अब तोलना क्या!
प्रात हँस रोकर गिनेगा,
स्वर्ण कितने हो चुके पल!
दीप रे तू गल अकम्पित,
चल अचंचल!

85

पन्थ होने दो अपरिचित प्राण रहने दो अकेला!

घेर ले छाया अमा बन,
आज कज्जल-अश्रुओं में रिमझिमा ले यह घिरा घन,

और होंगे नयन सूखे,
तिल बुझे औ' पलक रूखे,
आर्द्र चितवन में यहाँ
शत विद्युतों में दीप खेला!

अन्य होंगे चरण हारे,
और हैं जो लौटते, दे शूल को संकल्प सारे,

दुखव्रती निर्माण उन्मद,
यह अमरता नापते पद,
बाँध देंगे अंक-संसृति
से तिमिर में स्वर्ण वेला!

दूसरी होगी कहानी,
शून्य में जिसके मिटे स्वर, धूलि में खोयी निशानी,

आज जिस पर प्रलय विस्मित,
मैं लगाती चल रही नित,
मोतियों की हाट औ'
चिनगारियों का एक मेला!

हास का मधु-दूत भेजो,
रोष की भ्रू-भंगिमा पतझार का चाह सह जो!

ले मिलेगा उर अचंचल,
वेदना-जल, स्वप्न-शतदल,
जान लो वह मिलन एकाकी
विरह में है दुकेला!

पन्थ होने दो अपरिचित प्राण रहने दो अकेला!

86

सब बुझे दीपक जला लूँ!
घिर रहा तम आज दीपक-रागिनी अपनी जगा लूँ!

क्षितिज-कारा तोड़ कर अब
गा उठी उन्मत्त आँधी,
अब घटाओं में न रुकती
लास-तन्मय तडित् बाँधी,
धूल की इस वीण पर मैं तार हर तृण का मिला लूँ!

भीत तारक मूँदते दृग
भ्रान्त मारुत पथ न पाता,
छोड़ उल्का अंक नभ में
ध्वंस आता हरहराता,
उँगलियों की ओट में सुकुमार सब सपने बचा लूँ!

लय बनी मृदु वर्त्तिका
हर स्वर जला बन लौ सजीली,
फैलती आलोक-सी
झंकार मेरी स्नेह गीली,
इस मरण के पर्व को मैं आज दीपाली बना लूँ!

देखकर कोमल व्यथा को
आँसुओं के सजल रथ में
मोम-सी साधें बिछा दी
थीं इसी अंगार पथ में,
स्वर्ण हैं वे मत कहो अब क्षार में उनको सुला लूँ!

अब तरी पतवार ला कर
तुम दिखा मत पार देना,
आज गर्जन में मुझे बस
एक बार पुकार लेना!
ज्वार को तरणी बना मैं, इस प्रलय का पार लूँ!

आज दीपक राग गा लूँ!

87

हुए शूल अक्षत मुझे धूलि चन्दन!

अगरु धूम-सी साँस सुधि-गन्ध-सुरभित,
बनी स्नेह-लौ आरती चिर अकम्पित,
हुआ नयन का नीर अभिषेक-जल-कण!

सुनहले सजीले रँगीले धबीले,
हसित कण्टकित अश्रु-मकरन्द-गीले,
बिखरते रहे स्वप्न के फूल अनगिन!

असित-श्वेत गन्धर्व जो सृष्टि लय के,
दृगों को पुरातन, अपरिचित हृदय के,
सजग यह पुजारी मिले रात औ' दिन!

परिधिहीन रंगों भरा व्योम-मन्दिर,
चरण-पीठ भू का व्यथा-सिक्त मृदु उर,
ध्वनित सिन्धु में है रजत-शंख का स्वन!

कहो मत प्रलय द्वार पर रोक लेगा,
वरद मैं मुझे कौन वरदान देगा?
हुआ कब सुरभि के लिए फूल बन्धन?

व्यथाप्राण हूँ नित्य सुख का पता मैं,
धुला ज्वाल से मोम का देवता मैं,
सृजन-श्वास हो क्यों गिनूँ नाश के क्षण!

88

यह सपने सुकुमार तुम्हारी स्मित से उजले!

कर मेरे सजग दृगों की मधुर कहानी,
इनका हर कण हुआ अमर करुणा वरदानी,

उड़ तृणों की बात तारकों से कहने यह
चुन प्रभात के गीत, साँझ के रंग सलज ले!

लिये छाँह के साथ अश्रु का कुहक सलोना,
चले बसाने महाशून्य का कोना कोना,

इनकी गति में आज मरण बेसुध बन्दी है,
कौन क्षितिज का पाश इन्हें जो बाँध सहज ले।

पन्थ माँगना इन्हें पाथेय न लेना,
उन्नत मूक असीम, मुखर सीमित तल देना,

बादल-सा उठ इन्हें उतरना है जल-कण-सा,
नभ विद्युत् के बाण, सजा शूलों को रज ले!

जाते अक्षरहीन व्यथा की लेकर पाती,
लौटाता है इन्हें स्वर्ग से भू की थाती,

यह संचारी दीप, ओट इनको झंझा दे,
आगे बढ़, ले प्रलय, भेंट तम आज गरज ले!

छायापथ में अंक बिखर जावें इनके जब,
फूलों में खिल रूप निखर आवें इनके जब,

वर दो तब यह बाँध सकें सीमा से तुमको,
मिलन-विरह के निमिष-गुँथी साँसों की स्रज ले!

89

जब यह दीप थके तब आना

यह चंचल सपने भोले हैं,
दृगजल पर पाले मैंने मृदु
पलकों पर तोले हैं

दे सौरभ से पंख इन्हें सब नयनों में पहुँचाना!

साधें करुणा-अंक ढली हैं,
सान्ध्य गगन-सी रंगमयी पर
पावस की सजला बदली हैं,

विद्युत् के दे चरण इन्हें उर उर की राह बताना!

यह उड़ते क्षण पुलक-भरे हैं,
सुधि से सुरभित स्नेह-धुले हैं,
ज्वाला के चुम्बन से निखरे हैं,

दे तारों के प्राण इन्हीं से सूने श्वास बसाना!

यह स्पन्दन है अंक व्यथा के,
चिर उज्ज्वल अक्षर जीवन की
बिखरी विस्मृत क्षार-कथा के,

कण का चल इतिहास इन्हीं से लिख लिख अजर बनाना!

लौ ने वर्त्ती को जाना है,
वर्त्ती ने यह स्नेह, स्नेह ने
रज का अंचल पहचाना है,

चिर बन्धन में बाँध इन्हें घुलने का वर दे जाना!

90

यह मन्दिर का दीप इसे नीरव जलने दो!

रजत शंख-घड़ियाल स्वर्ण वंशी-वीणा-स्वर,
गये आरती वेला को शत-शत लय से भर,
जब था कल कण्ठों का मेला,
विहँसे उपल तिमिर था खेला,
अब मन्दिर में इष्ट अकेला,
इसे अजिर का शून्य गलाने को गलने दो!

चरणों से चिह्नित अलिन्द की भूमि सुनहली,
प्रणत शिरों के अंक लिये चन्दन की दहली,
झर सुमन बिखरे अक्षत सित
धूप-अर्घ्य नैवेद्य अपरिमित
तम में सब होंगे अन्तर्हित,
सबकी अर्चित कथा इसी लौ में पलने दो!

पल के मनके फेर पुजारी विश्व सो गया,
प्रतिध्वनि का इतिहास प्रस्तरों बीच खो गया,
साँसों की समाधि सा जीवन,
मसि-सागर का पन्थ गया बन
रुका मुखर कण-कण का स्पन्दन,
इस ज्वाला में प्राण-रूप फिर से ढलने दो!

झंझा है दिग्भ्रान्त रात की मूर्च्छा गहरी,
आज पुजारी बने, ज्योति का यह लघु प्रहरी,
जब तक लौटे दिल की हलचल
तब तक यह जागेगा प्रतिपल,
रेखाओं में भर आभा-जल
दूत साँझ का इसे प्रभाती तक चलने दो!

91

जो न प्रिय पहिचान पाती!

दौड़ती क्यों प्रति शिरा में प्यास विद्युत् सी तरल बन
क्यों अचेतन रोम पाते चिर व्यथामय सजग जीवन?
किसलिए हर साँस तम में
सजल दीपक राग गाती?

चाँदनी के बादलों से स्वप्न फिर-फिर घेरते क्यों?
मदिर सौरभ से सने क्षण दिवस-रात बिखेरते क्यों?
सजग स्मित क्यों चितवनों के
सुप्त प्रहरी को जगाती?

मेघ-पथ में चिह्न विद्युत् के गये जो छोड़ प्रिय-पद,
जो न उनकी चाप का मैं जानती सन्देश उन्मद,
किसलिए पावस नयन में
प्राण में चातक बसाती?

कल्प-युगव्यापी विरह को एक सिहरन में सँभाले,
शून्यता भर तरल मोती से मधुर सुधि-दीपवाले,
क्यों किसी के आगमन के
शकुन स्पन्दन में मनाती?

92

अलि कहाँ सन्देश भेजूँ?
मैं किसे सन्देश भेजूँ?

एक सुधि अनजान उनकी,
दूसरा पहचान मन की,
पुलक का उपहार दूँ या अश्रु-भार अशेष भेजूँ!

चरण चिर पथ के विधाता
उर अथक गति नाम पाता,
अमर अपनी खोज का अब पूछने क्या शेष भेजूँ?

नयन-पथ से स्वप्न में मिल,
प्यास में घुल साध में खिल,
प्रिय मुझी में खो गया अब दूत को किस देश भेजूँ?

जो गया छबि-रूप का घन,
उड़ गया घनसार-कण बन,
उस मिलन के देश में अब प्राण को किस वेश भेजूँ?

उड़ रहे यह पृष्ठ पल के,
अंक मिटते श्वास चल के,
किस तरह लिख सजल करुणा की कथा सविशेष भेजूँ!

93

सब आँखों के आँसू उजले सबके सपनों में सत्य पला!

जिसने उसको ज्वाला सौंपी
उसने इसमें मकरन्द भरा,
आलोक लुटाता वह घुल-घुल
देता झर यह सौरभ बिखरा!

दोनों संगी पथ एक किन्तु कब दीप खिला कब फूल जला?

वह अचल धरा को भेंट रहा
शत-शत निर्झर में हो चंचल,
चिर परिधि बना भू को घेरे
इसका नित उर्मिल करुणा-जल!

कब सागर उर पाषाण हुआ, कब गिरि ने निर्मम तन बदला?

नभ-तारक-सा खण्डित पुलकित
यह सुर-धारा को चूम रहा,
वह अंगारों का मधु-रस पी
केशर-किरणों-सा झूम रहा

अनमोल बना रहने को कब टूटा कंचन हीरक पिघला?

नीलम मरकत के सम्पुट दो
जिनमें बनता जीवन-मोती,
इसमें ढलते सब रंग-रूप
उसकी आभा स्पन्दन होती!

जो नभ में विद्युत् मेघ बना वह रज में अंकुर हो निकला!

संसृति के प्रति पग में मेरी
साँसों का नव अंकन चुन लो,
मेरे बनने-मिटने में नित
अपनी साधों के क्षण गिन लो!
जलते खिलते बढ़ते जग में घुलमिल एकाकी प्राण चला!

सपने सपने में सत्य ढला!

94

मैं पलकों में पाल रही हूँ यह सपना सुकुमार किसी का

जाने क्यों कहता है कोई,
मैं तम की उलझन में खोयी,
धूममयी वीथी-वीथी में,
लुक-छिप कर विद्युत् सी रोयी,
मैं कण-कण में ढाल रही अलि आँसू के मिस प्यार किसी का

रज में शूलों का मृदु चुम्बन,
नभ में मेघों का आमन्त्रण,
आज प्रलय का सिन्धु कर रहा
मेरी कम्पन का अभिनन्दन,
लाया झंझा-दूत सुरभिमय साँसों का उपहार किसी का

पुतली ने आकाश चुराया,
उर ने विद्युत्-लोक छिपाया,
अंगराग सी है अंगों में
सीमाहीन उसी की छाया!
अपने तन पर है भाता अलि जाने क्यों शृंगार किसी का

मैं कैसे उलझूँ इति-अथ में,
गति मेरी संसृति है पथ में,
बनता है इतिहास मिलन का
प्यास भरे अभिसार अकथ में,
मेरे प्रति पग पर बसता जाता सूना संसार किसी का!

95

पूछता क्यों शेष कितनी रात?

अमर सम्पुट में ढला तू,
छू नखों की कान्ति चिर संकेत पर जिनके जला तू,
स्निग्ध सुधि जिनकी लिये कज्जल-दिशा में हँस चला तू!
परिधि बन घेरे तुझे वे उँगलियाँ अवदात!

झर गये खद्योत सारे,
तिमिर-वात्याचक्र में सब पिस गये अनमोल तारे,
बुझ गयी पवि के हृदय में काँपकर विद्युत्-शिखा रे!
साथ तेरा चाहती एकाकिनी बरसात!

व्यंगमय है क्षितिज-घेरा
प्रश्नमय हर क्षण निठुर-सा पूछता परिचय बसेरा,
आज उत्तर हो सभी का ज्वालवाही श्वास तेरा!
छीजता है इधर तू उस ओर बढ़ता प्रात!

प्रणत लौ की आरती ले,
धूम-लखा स्वर्ण-अक्षत नील-कुमकुम वारती ले,
मूक प्राणों में व्यथा की स्नेह-उज्ज्वल भारती ले,
मिल अरे बढ़, रहे यदि प्रलय झंझावात!
कौन भय की बात?

पूछता क्यों शेष कितनी रात?

96

तू भू के प्राणों का शतदल!

सित क्षीर-फेन हीरक-रज से
जो हुए चाँदनी में निर्मित,
शरद की रेखाओं में चिर
चाँदी के रंगों से चित्रित,
खुल रहे दलों पर दल झलमल!

सपनों से सुरभित दृगजल ले
धोने मुख नित रजनी आती,
उड़ते रंगों के अंचल से
फिर पोंछ उषा सन्ध्या जाती,
तू चिर विस्मित तू चिर उज्ज्वल!

झीने मृदु स्वर्णिम तारों-सी
किरणों के मिस केसर झरती,
हल्के आतप में रस-भीनी,
शतरंगी रज बरसा करती,
निर्झर में बहता मधु अविरल!

सीपी से नीलम से द्युतिमय,
कुछ पिंग अरुण कुछ सित श्यामल,
कुछ सुख-चंचल कुछ दुख-मन्थर
फैले तम से कुछ तूल विरल,
मँडराते शत-शत अलि बादल!

युगव्यापी अनगिन जीवन के
अर्चन से हिम-शृंगार किये,

पल-पल विहसित क्षण-क्षण विकसित
बिन मुरझाये उपहार लिये—
घेरे है तू नभ के पदतल!

ओ पुलकाकुल तू दे दिव को
नत भू के प्राणों का परिचय,
कम्पित उर विजड़ित अधरों की
साधों का चिरजीवित संचय,
तू वज्र-कठिन किसलय-कोमल!

तू भू के प्राणों का शतदल!

97

पुजारी दीप कहीं सोता है!

जो दृग दानों के आभारी,
उर वरदानों के व्यापारी,
जिन अधरों पर काँप रही हैं
अनमाँगी भिक्षाएँ सारी,
वे थकते, हर साँस सौंप देने को यह रोता है!

कुम्हला चले प्रसून सुहासी,
धूप रही पाषाण समा-सी,
झरा धूल-सा चन्दन, छायी
निर्माल्यों में दीन उदासी!
मुस्कानें बन लौट रहे यह जितने पल खोता है!

इस चितवन की अमिट निशानी
अंगारे का पारस-पानी,
इसको छूकर लौह-तिमिर
लिखने लगता है स्वर्ण-कहानी!
किरणों के अंकुर बनते यह जो सपने बोता है!

गर्जन के शंखों से हो के,
आने दो झंझा के झोंके,
खोलो रुद्ध झरोखे, मन्दिर
के न रहो द्वारों को रोके,
हर झोंके पर प्रणत, इष्ट के धूमिल पग धोता है!

लय-छन्दों में जग बँध जाता,
सित घन-विहग पंख फैलाता,
विद्रुम के रथ पर आता दिन
जब मोती की रेणु उड़ाता,
उसकी स्मित का आदि, अन्त इसके पथ का होता है!

98

घिरती रहे रात!

न पथ रूँधतीं ये
गगन तम शिलाएँ
गति रोक पातीं,
पिघल मिल दिशाएँ
चली मुक्त में ज्यों मलय की मधुर वात
घिरती रहे रात!

न आँसू गिने औ,
न काँटे सँजोये,
न पगचाप दिग्भ्रान्त;
उच्छ्वास खोये,
मुझे भेंटता हर पलक—प्रात में प्रात!
घिरती रहे रात!

नयन ज्योति वह
यह हृदय का सवेरा,
अतल सत्य प्रिय का,
लहर स्वप्न मेरा,
कही चिर विरह ने मिलन की नयी बात!
घिरती रहे रात!

स्वजन, स्वर्ण कैसा
न जो ज्वाल-धोया?
हँसा कब तडित् में
न जो मेघ रोया?
लिया साध ने तोल अंगार-संघात?
घिरती रहे रात!

जल दीप को
फूल का प्राण दे दो,
खा लय-भरी,
साँस को दान दे दो,
खिल अग्नि-पथ में सजल मुक्ति-जलजात!
घिरती रहे रात!

99

सजल है कितना सवेरा!

गहन तम में जो कथा इसकी न भूला,
अश्रु उस नभ के, चढ़ा शिर फूल फूला,
झूम झुक-झुक, कह रहा हर श्वास तेरा!

राख से अंगार-तारे झर चले हैं,
धूप बन्दी रंग के निर्झर खुले हैं,
खोलता है पंख रूपों में अँधेरा!

कल्पना निज देख कर साकार होते,
और उसमें प्राण का संचार होते,
सो गया रख तूलिका दीपक चितेरा!

अलस पलकों में पता अपना मिटा कर,
मृदुल तिनकों में व्यथा अपनी छिपा कर,
नयन छोड़े स्वप्न ने, जग ने बसेरा!

ले उषा ने किरण-अक्षत हास-रोली,
रात अंकों से पराजय-राख धो ली,
राग ने फिर साँस का सार घेरा!

100

अलि मैं कण-कण को जान चली
सबका क्रन्दन पहचान चली!

जो दृग में हीरक-जल भरते,
जो चितवन इन्द्रधनुष करते,
टूटे सपनों के मनकों से
जो सूखे अधरों पर झरते!

जिस मुक्ताहल से मेघ भरे
जो तारों से तृण में उतरे,
मैं नभ के रज के रस-विष के
आँसू के सब रंग जान चली!
दुख को कर सुख-आख्यान चली!

जिसका मीठा-तीखा दंशन,
अंगों में भरता सुख-सिहरन,
जो पग में चुभ कर कर देता,
जर्जर मानस चिर आहत मन,

जो मृदु फूलों के स्पन्दन से,
जो पैना एकाकीपन से,
मैं उपवन निर्जन पथ के हर
कण्टक का मृदु मन जान चली!
गति का दे चिर वरदान चली!

जो जल में विद्युत्-प्यास भरा
जो आतप में जल-जल निखरा,
जो झरते फूलों पर देता
निज चन्दन-सी ममता बिखरा,

जो आँसू से धुल-धुल उजला,
जो निष्ठुर चरणों का कुचला,
मैं मरु उर्वर में कसक भरे
अणु-अणु का कम्पन जान चली!
प्रति पग को कर लयवान चली!

नभ मेरा सपना स्वर्ण-रजत,
जग संगी अपना चिर विस्मित
यह शूल-फूल का चिर नूतन
पथ मेरी साधों से निर्मित!

इन आँखों के रस से गीली
रज भी है दिव से गर्वीली!
मैं सुख से चंचल दुख बोझिल
क्षण-क्षण का जीवन जान चली!
मिटने को कर निर्माण चली!

उषा

दिवजाता शुभ्राम्बर-विलसित,
नूतन, आभा से उद्भासित,
भू-सुषमा की एक स्वामिनी
शोभन आलोकित विहान दे।

अरुण किरण के वाजि चन्द्र-रथ
ले करती जो पार-क्रान्ति-पथ,
निशि-तम-हारिणि यह विभावरी
हमें यजन गौरव महान दे।

सुगम तुझे गति है अचलों पर,
सुतर शान्त लहरों का सागर,
निश्चित क्रम विस्तृत पथ-चारिणि,
स्वतः दीप्त तू हमें मान दे।

दिन दिन नव नव छबि में आकर,
गृह गृह में आलोक बिछाकर,
ज्योतिष्मती प्रात की बेला,
ऐश्वर्यों में श्रेष्ठ दान दे।

जन न ठहरते पथ में पग धर,
खग न रुके नीड़ों में पल भर,
जिसका उदय वलोक—वही
अरुणा अब हमको सजग प्राण दे।

जागे द्विपद चतुष्पद आकुल,
दिग्दिगन्तचारी पुलकाकुल,
जिसका आगम देख उषा वह
कर्म-पन्थ सबको समान दे।

—ऋग्वेद

प्रश्न

पूछ रहा हूँ आज स्वयं अपने से, उर में
हो सकता क्या एक कभी उससे अन्तर में?

अवहेला को भूल कभी वह स्नेह-तरल मन
कर लेगा स्वीकार गीत की भेंट अकिंचन?

किस दिन मैं उज्ज्वल प्रसन्नचित्त कल्मष खोकर,
मिल पाऊँ आनन्दरूप से सम्मुख होकर?

दर्शनयाचक मैं, कह दे क्या अवगुण मेरे,
जिनके कारण आज मुझे यह बन्धन घेरे?

जो ज्ञानी हैं, पूछ चुका उनसे बहुतेरा,
सबका उत्तर एक वही : प्रभु रूठा तेरा!

अविनय ऐसा कौन आज तू भी जिसके हित,
स्नेह-सखा को किया चाहता इतना दण्डित?

हे दुर्लभ! दे बता और तब दोषविगत मैं,
पहुँचूँ तुझ तक त्वरित, भक्ति से नमित विनत मैं।

—ऋग्वेद

भू-वन्दना

सत्य महत, संकल्प, यज्ञ, तप, ज्ञान, अचल ऋतु,
जिस पृथिवी को धारण करते रहते अविरत,

भूत और भवितव्य हमारा जिससे अधिकृत,
वह धरती दे हमें लोक-हित आँगन विस्तृत।

जिसके हैं बहु भाग समुन्नत अवनत, समतल,
नहीं मानवों के समूह से बाधित, संकुल,

विविध शक्तिमय ओषधियों की वृद्धि-विधायक,
यह पृथिवी नित रहे हमें स्थिति-मंगलदायक।

आश्रित जिस पर सभी सरित-सर-सागर के जल,
लहराता है जहाँ शस्य का शोभन अंचल,

जिस पर यह चल प्राणि-जगत् है जीवित, स्पन्दित,
वही धरा दे हमें पूर्वजों का श्रेयस् नित।

फैलीं चारों ओर दिशाएँ दूर अबाधित,
जिस पर होते विविध अन्न कृषियाँ उत्पादित,

जो सयत्न करती बहुधा जीवन का पोषण,
वही हमारी भूमि शस्य दे औ' दे गोधन।

सृष्टि पूर्व जो रही सिन्धु में जलमय तन से,
ऋषियों ने की प्राप्त सिद्धि के अक्षय धन से,

परम व्योम वह अमर सत्य-तेजस्-आच्छादित
जिसका उर है वही धरा दे शक्ति अपरिमित।

अप्रमाद, सेवारत औ' समभाव निरन्तर—
प्रवहमान हैं निशिदिन जलधाराएँ जिस पर,

वह बहु धारावती हमारी धरती प्लावित,
दे हमको वर्चस्व और कर दे आप्यायित।

मापा करते जिसे दिवाकर-निशिकर-अश्विन,
रखकर जिस पर चरण विष्णु कर रहा संचरण,

रहित शत्रु, जिनको करता है इन्द्र प्रबलतम,
दे हमको वह भूमि पयस्, सुत को माता सम।

शोभित जिस पर अचल, हिमाचल, बन सुषमाकर,
अक्षत अमर अजेय खड़े हम उस वसुधा पर!

श्यामल गैरिक अखिल रूपमय मघवा-रक्षित,
उसी भूमि पर रहें सदा हम सुख से विचरित।

जो तुमसे उत्पन्न शक्ति औ' बल का आकर,
हमें उसी के बीच प्रतिष्ठित कर दे सत्वर,

पूत हमें कर धरापुत्र हम तुझसे लालित,
रसदायक पर्जन्य पिता से भी हों पालित।

हम सबके हित महत सदन बनकर तू रहती,
महत वेग, संचलन महत, कम्पन भी महती!

रहे महत निस्तन्द्र इन्द्र-छाया में ऐसी,
स्वर्ण धरा तू पर न हमें देना विद्वेषी।

तेरा जो शुभ गन्ध मिला औषधि जल कण में,
अप्सरियाँ गन्धर्व जिसे रखते निज तन में,

उस सौरभ से गात हमारा तू सुरभित कर,
पड़े किसी की द्वेष दृष्टि ओ जननि न हम पर।

जिस परिमल से नीलोत्पल के कोष रहे भर,
जिसे लगाते अमर, उषा के लग्न-पर्व पर,

उसी गन्ध से भूमि! हमारा कर आलेपन,
हो न हमारी ओर किसी का द्वेष भरा मन।

नारी में, नर में तेरा जो गन्ध समुज्ज्वल,
वीरों में, मृग-हस्ति-अश्व में जो बनता बल,

कन्या में जो कान्ति उसी सौरभ से चर्चित
कर दे हमको जननि! न चाहे कोई अनहित!

भू ही तो पाषाण, शिला औ' धूलि पटल में,
थामे सबको वही अंक अपने निश्चल में!

तेरा उर है हमें राशि सोने की अभिमत,
देते हैं हे भूमि तुझे हम आज नमन शत!

तेरे पावस औ' निदाघ तेरे मधु-पतझर,
तुझ पर रहतीं शरद, शिशिर सब, ऋतुएँ निर्भर,

तुझसे होते सदा दिवस औ' रजनी निर्मित,
ओ पृथिवी यह रहें हमारे ही सुख के हित।

जिसके उर पर विविध वनस्पतियाँ औ' तरुवर,
पाते ही रहते विकास ध्रुव और निरन्तर।

धरा हुई जो धारण करके यह जग सारा,
उसका वन्दन आज कर रहा गान हमारा।

—अथर्ववेद

शान्ति-स्तवन

शान्त गगन हो शान्त धरा हो!

फैला दिशि दिशि
अन्तरिक्ष हो शान्त हमारा,
शान्त हमारे हित हो
सागर की जल धारा,
ओषधियों में क्षेम हमारे हित बिखरा हो!
शान्त गगन हो शान्त धरा हो!

शममय हो भूकम्प
शान्त उल्का-निपतन हो,
शम, विदीर्ण धरती
का उर भी भीति शमन हो,
क्षेमकरी ही रहे धेनु लोहितक्षीरा हो!
शान्त गगन हो शान्त धरा हो!

उल्का - अभिहत ग्रह
शम हों अभियान दुःखकर,
शम कृत्या छल कुहक
हिंस्र आचरण क्षेमकर,
संहारक विध्वंस हमें शम शान्ति भरा हो!
शान्त गगन हो शान्त धरा हो!

विवस्वान सम, मित्र
वरुण अन्तक भी शममय,
पृथिवी के नभ के सारे
उत्पात शान्तिमय,

नभचर नक्षत्रों की गति में शम उतरा हो।
शान्त गगन हो शान्त धरा हो!

इन्द्रिय के गण पाँच
षष्ठ मन से संयुत हो,
तेज-दीप्त जो रहते हैं
उर में संस्थित हो,
क्रूर कर्म-क्षम वही इन्द्रियाँ क्षेमकरा हों!
शान्त गगन हो शान्त धरा हो!

दिव्य ज्ञान से दिव्य
उच्चता पाता जो मन,
क्रूर कर्म में भी जिससे
योजित होता जन,
वही हमारा सुमन शान्त शम में निखरा हो!
शान्त गगन हो शान्त धरा हो!

परिवर्तन के पूर्व रूप
हों हमें शान्तिमय,
शान्त हमें हों कृत
अकृत सब कर्मों के चय,
शान्त भूत भवितव्य सृष्टि कल्याणधरा हो!
शान्त गगन हो शान्त धरा हो!

परम श्रेष्ठ यह दिव्य
ब्रह्म-शंसित कल्याणी,
कठिन कर्म का कारण
भी बनती जो वाणी,
वाग्देवता वही हमारी ऋतम्भरा हो!
शान्त गगन हो शान्त धरा हो!

—अथर्ववेद

हेमन्त

शस्य - मालिनी धरा
और नीहार-परुष है लोक,
जल अप्रिय हो गया
अग्नि करती है आज अशोक।

दक्षिण दिशिचारी रवि से—
है उत्तर दिशा विहीन,
तिलकहीन बाला सी उसकी
हुई कान्ति छविहीन।

प्रकृतिदत्त हिमकोष, दूर
अब इससे है दिनमान,
सार्थक नाम हिमालय का
हो गया आज हिमवान।

स्पर्शसुखद मध्याह्न, सुखद
इन दिवसों में संचार,
प्रिय लगता आदित्य, अप्रिय
छाया, जल का व्यवहार।

व्याप्त शीत है रवि लगता
कोमल तुषार से न्यस्त,
सूने हैं अरण्य, कमल के
वृन्द हो गये ध्वस्त।

नभ तल शयन वर्ज्य जिनमें
जो दीर्घ हुई पा शीत,
हिम से कुहराच्छन्न रहीं
ये पौष रात्रियाँ बीत।

भरत-मिलन

देख गजों को धावित
औ' सुन घोर महारव,
दीप्त तेजयुत लक्ष्मण से
बोले तब राघव।

'देखो हे सौमित्र!
कहाँ से आता निःस्वन,
जिसको सुनकर आज
हो गया अस्थिर यह वन।'

तब लक्ष्मण ने चढ़कर
पुष्पित शाल वृक्ष पर,
राघव से यों कहा
सैन्य का अवलोकन कर।

'होकर के अभिषिक्त
राज्य करने निर्बाधित,
आते हैं यह भरत
हमारे ही वध के हित।

जिनके कारण आप—
राज्य शाश्वत से वंचित,
वध्य शत्रु वे, मेरे
सम्मुख भरत समागत।

राघव करिए त्वरित
चाप अपने को शिंजित,
करिए शर सन्धान
कवच से होकर सज्जित।'

तब लक्ष्मण को देख
क्रोध अस्थिर उद्वेजित,
राघव बोले वचन
उन्हें करने प्रशान्त-चित्त।

'चाप का क्या कार्य
कैसा चर्म कैसा खड्ग,
जब समागत हैं सुधीवर
भरत सेना संग।

पिता से प्रतिश्रुत, करूँ
मैं यदि भरत वध आज,
क्या करूँगा ले उसे
जो है कलंकित राज्य?

बन्धु मित्रों के निधन से
प्राप्त वैभव - सार,
अन्न विषमय ज्यों
नहीं होगा मुझे स्वीकार।

बन्धु हों मेरे सुखी
हो क्षेम - मंगल - योग,
शपथ आयुध की
यही बस राज्य का उपयोग।

सिन्धु - वेष्टित भूमि पर
मुझको सुलभ अधिकार,
धर्म के बिन इन्द्र-पद
मुझको न अंगीकार।

बिन, तुम्हारे, भरत औ'
शत्रुघ्न बिन, सुखसार—
दे मुझे जो वस्तु उसको
अग्नि कर दे क्षार।

भ्रातृवत्सल भरत ने,
होता मुझे अनुमान,
आ अयोध्या में किया
कुलधर्म का जब ध्यान,

और सुन, मैंने बना
कर जटावल्कल-वेश,
अनुज सीता सह बसाया
है विपिन का देश।

स्नेह-आतुर चेतना में
विकलता दुख-जन्य,
देखने आये भरत
हमको, न कारण अन्य।

अप्रिय कटु माँ को सुना,
कर तात को अनुकूल,
राज्य लौटाने मुझे
आये, न इसमें भूल।

क्या कभी पहले भरत ने
कुछ किया प्रतिकूल?
जो तुम्हें इस भाँति हो
भय आज शंकामूल।

क्या किसी आपत्ति में
हो पुत्र से हत तात?
प्राण सम निज बन्धु का ही
बन्धु कर दे घात?

कह रहे इस भाँति तुम
यदि राज्य हेतु विशेष,
'राज्य दो इसको' कहूँगा
मैं भरत को देख।'

शाल से तब उतर लक्ष्मण
बद्ध - अंजलि - हाथ,
पार्श्वस्थित शोभित हुए
बैठे जहाँ रघुनाथ।

भरत मानव-श्रेष्ठ देकर
सैन्य को आवास,
चले पैदल देखने
तापस - कुटीर - निवास।

तापसालय में विलोका
भरत ने वह धाम,
जानकी लक्ष्मण सहित
जिसमें विराजित राम।

भरत तब दौड़े रुदित
दुख - मोह से आक्रान्त,
चरण तक पहुँचे न भू पर
गिर पड़े दुख - भ्रान्त।

'आर्य' ही बस कह सके वे
धर्म में निष्णात,
कण्ठ गद्गद से न निकली
अन्य कोई बात

जटा वल्कल सहित उनका
कृश विवर्ण शरीर,
कष्ट से पहचान भेंटे
अंक भर रघुवीर।

भरत को तब भेंटकर
शिर सूँघकर सप्रेम,
अंक में ले राम ने
पूछा कुशल औ' क्षेम।

—रामायण

1

श्याम घटा जब घिर छा जाती!

घन से भीत बलाकों के दल,
निलय खोजते उड़ चलते जब,
खोल पंख अपने चल उज्ज्वल!
तब अजकरणी सरिता भाती!

कृष्ण मेघ से हो आतंकित,
शिला-कन्दराओं में आश्रय—
चले खोजने जब बगुले सित,
तब तरंगिणी शोभा पाती!

सरिता के युग कूलों वाली,
मेरे गुहा निलय के पीछे
जम्बू की यह सघन द्रुमाली,
किसके मन को नहीं लुभाती!

आज सभीत नहीं हैं दादुर,
करते हैं वन प्रान्त निनादित,
मन्द मन्द ध्वनियों पर तिर-तिर,
उनकी यही घोषणा आती!

पर्वत की सरिता को तजकर,
आज नहीं अवसर प्रवास का,
रम्य यहीं है वास क्षेमकर,
क्षेममयी यह नदी सुहाती!

—धम्मिको थेरो

2

हे वीर श्रेष्ठ यह समय सुखद,
नूतन आशाओं से स्पन्दित।
नव किसलय दल से युक्त द्रुमाली
लगती है अंगार-अरुण,
इन तरुओं ने अब त्याग दिये,
वे जीर्ण पत्र के शीर्ण वसन।

कोंपलें लाल सी अगणित ले
ये अर्चिष्मान हुए भासित!
नूतन आशाओं से स्पन्दित!

द्रुम सुमन-भार से झुके हुए,
उच्छ्‌वसित सुरभि से दिग्दिगन्त,
पल्लव झर झर कर करते हैं
फल के हित अपना रिक्त वृन्त!

यह यात्रा का मंगल मुहूर्त है
आज हमारा शुभशंसित!
नूतन आशाओं से स्पन्दित!

अति शीत रहा अब असह नहीं,
अति नहीं उष्णता का प्रसार,
यह समय सुखद है आज वीर,.
ऋतु आज हो गयी है उदार!

देखें कोलिय औ' शाक्य आप को
पश्चिममुख रोहिणी-तरित!
नूतन आशाओं से स्पन्दित!

—दसनिपात

आभा-कण

आवेग क्रोध का सके थाम
जो पथ विचलित रथ के समान,
सारथी कहाता वही सत्य
हैं अन्य रश्मि-ग्राहक अजान।

यह नियम सनातन, एक वैर
करता न दूसरे का अभाव,
निर्वैर भावना से जग में
होता सब शान्त विरोध भाव।

संग्राम-भूमि में जय पाता
कोई कर लाखों को सभीत,
पर सत्य समर-विजयी है वह
जो स्वयं आपको सका जीत।

क्या हास और आनन्द कहाँ
जलता जाता जो कुछ समीप,
घन अन्धकार से घिर कर भी
तुम क्यों न खोजते हो प्रदीप?

जय उपजाती है द्वेष-द्रोह
औ' पराभूत में दुःख-दाह
जो हार जीत की तज प्रशान्त
उसका सुखमय जीवन-प्रवाह।

मल्लिका-मलय-कलि-तगर-गन्ध
प्रतिवात कभी पाता न राह,
दिशि दिशि सज्जन-सौरभ फैला
विपरीत बहा जब गन्धवाह।

—धम्मपद

2

चित्त जिसका हो चुका हो द्वेषमुक्त महान,
सब कहीं सबके लिए हो सौमनस्य समान

क्षेम से भर दिशि-विदिशि-भू-अन्तरिक्ष अछोर,
लोक को संस्पर्श कर जो विहरता सब ओर

हो गया है सत्त्व जो सब वैर-द्रोह-विमुक्त,
मित्रता की भावना में एक रस संयुक्त,

एक सीमा में उसी से आचरित सविशेष,
आचरण त्यों हो न जाता है वहीं निःशेष

ज्यों न रुकता शंखवादक का तनिक आयास,
दूर तक प्रतिध्वनि जगा भरता विपुल आकाश!

—दीघनिकाय

विराग-गीत

सत्यवादी के मृषा न बोल।

स्निग्ध कुंचित अलकों के गुच्छ
कभी काले थे भ्रमर समान,
जरा के कारण हैं वे आज
विरस सन वल्कल के उपमान।
सत्यवादी के मृषा न बोल।

मल्लिका के सौरभ से सिक्त
कभी था मेरा वेणीबन्ध,
जरा के कारण उसमें आज
शशक रोमों सी आती गन्ध।
सत्यवादी के मृषा न बोल।

प्रसाधित था यह केश-कलाप
सघन रोपित ज्यों हो उद्यान,
जरा से गलित पलित हैं केश
विरल सा अब पड़ता है जान।
सत्यवादी के मृषा न बोल।

वहन करता था उन्नत शीश
स्वर्ण भूषित वेणी का साज,
जरा से जर्जर होकर भग्न
झुक रहा है वह मस्तक आज।
सत्यवादी के मृषा न बोल।

कुशल शिल्पी-कर ने दीं आँक
सुभ्रु मानो ये मंजु अनूप।
जरा से जीर्ण झुर्रियों बीच

आज लगती हैं नमित विरूप।
सत्यवादी के मृषा न बोल।

नीलमणियों की उज्ज्वल कान्ति
दीर्घ नयनों ने ली थी छीन,
जरा से अभिहत वे ही आज
हो गये धूमिल आभाहीन।
सत्यवादी के मृषा न बोल।

नासिका मेरी कोमल दीर्घ
शिखर यौवन का पड़ती जान,
वही दब आज जरा के भार
नमित है गलित सभी अभिमान।
सत्यवादी के मृषा न बोल।

कभी लगते थे श्रवण सुडौल
खरादे सुन्दर वलय समान,
हो गये वही झुर्रियों युक्त
लटकते से हैं आज निदान।
सत्यवादी के मृषा न बोल।

कदलि-कलिकावर्णी थी मंजु
कभी मेरे दशनों की पाँति,
जरा से खण्डित होकर आज
पीत यव की देती है भ्रान्ति।
सत्यवादी के मृषा न बोल।

विपिन-संचारी पिक की कूक,
सदृश जो था स्वर का संगीत।
जरा से उसके अक्षर भग्न
पूर्व स्वर-लय है आज अतीत।
सत्यवादी के मृषा न बोल।

खरादे श्वेत शंख की स्निग्ध
कभी ग्रीवा थी मंजु सुडौल,
वही वृद्धावस्था के भार
नमित सी आज रही है डोल।
सत्यवादी के मृषा न बोल।

कभी थे मेरे बाहु सुगोल
गदा से सुगठित सुन्दर पीन,
जरा के कारण हैं वे आज
विटप पाडर-शाखा से क्षीण।
सत्यवादी के मृषा न बोल।

मुद्रिका स्वर्ण आभरण युक्त
कभी थे कोमल मेरे हाथ,
वही हैं गाँठ गठीले आज
जरा की दुर्बलता के साथ।
सत्यवादी के मृषा न बोत।

पुष्ट उन्नत यह मेरा वक्ष
कभी था सुगठित और सुगोल,
जलरहित चर्म-थैलियों तुल्य
जरा से है अवनत बेडौल।
सत्यवादी के मृषा न बोल।

कभी था सुन्दर और विशुद्ध
स्वर्ण के फलक सदृश यह गात,
जरा से आज हुई वह देह
झुर्रियों का विरूप संघात।
सत्यवादी के मृषा न बोल।

कभी मेरा सुन्दर उरु देश
बना था करिकर का उपमान,
जरा के कारण अब वह, शून्य

वंश-नलिका सा पड़ता जान।
सत्यवादी के मृषा न बोल।

स्वर्ण आभरण नूपुरों युक्त
पिण्डलियाँ थीं मेरी अपरूप,
शुष्क तिल-डण्ठल सी वे आज
जरा के कारण क्षीण विरूप!
सत्यवादी के मृषा न बोल।

चरण युग मेरे कोमल मंजु,
रहे हल्के ज्यों हल्की तूल,
जरा ने उन्हें बना कर रुक्ष
झुर्रियों से भर दिया समूल।
सत्यवादी के मृषा न बोल।

गठित सुन्दर अंगों के साथ
कभी श्रीमय थी मेरी देह,
जरा के कारण ही वह आज
हो गयी जर्जर दुख का गेह।
सत्यवादी के मृषा न बोल।

शीघ्र ही ढह कर होता ध्वस्त
जीर्ण गृह जैसे यत्नविहीन,
जरा का गृह भी थोड़े यत्न
बिना ढह जाएगा हो क्षीण।
सत्यवादी के मृषा न बोल।

—अम्बपाली

वसन्त

देव! देखो मंजरित,
सहकार का तरु
गन्ध - मधु - सुरभित,
खिला जिसका सुमन - दल,
बैठ जिसमें मधु—
गिरा में बोलता यह
लग रहा है हेम—
पंजर - बद्ध कोकिल—

रक्त पल्लव युक्त,
आज अशोक देखो,
प्रेमियों के हित
सदा जो विरहवर्द्धन,
जान पड़ता दग्ध-
ज्वाला से विकल हो,
कर रहे उसमें भ्रमर—
के वृन्द कूजन।

आज उज्ज्वल तिलक—
द्रुम को भेंट कर यह
पीतवर्ण रसाल—
शाखा यों सुशोभित,
शुभ्र वेशी पुरुष के
ज्यों संग नारी
पीत केसर - अंग—
रागों से प्रसाधित।

सद्य ही जिसको
निचोड़ा राग के हित
वह अलक्तक कान्ति–
शोभा फुल्ल कुरवक,
नारियों की नख–
प्रभा से चकित होकर
आज लज्जा - भार
से मानो रहा झुक!

तीर पर जिसके उगे
हैं सिन्धुवारक
देख कर इस पुष्करिणि
को हो रहा भ्रम
धवल अंशक ओढ़ कर
मानो यहाँ हो,
अंगना लेटी हुई
कोई मनोरम।

देव! आज वसन्त
में हो राग - उन्मद
बोलता है पिक सुनो
टुक यह मधुर स्वर,
और प्रतिध्वनि सी
उसी की जान पड़ता,
दूसरे पिक का 'कुहू'
में दिया उत्तर।

मोह से उन्मत्तचित
प्रमदा जनों ने
हाव - भावों के चलाये
अस्त्र अनगिन,

मृत्यु निश्चित सोचता
वह धीर संयत,
हो सका न प्रसन्न
और न खिन्न उन्मन।

—बुद्धचरित

हिमालय

पूर्व और पश्चिम सागर तक
भू के मानदण्ड सा विस्तृत,
उत्तर दिशि में दिव्य हिमालय
गिरियों का अधिपति है शोभित।

पृथु - प्रेरित शैलों ने जिसको
पृथिवी - गो का वत्स बनाकर
मेरु-गोप से दुहा लिया सब
ओषधियों रत्नों का आकर।

रत्नों के आकर हिमगिरि की
हिम से हुई न शोभा कुण्ठित,
किरणों में कलंक सा छिपता
गुण-समूह में अवगुण किंचित।

गैरिक पीत धातु-शृंगों से
वह रँगता घन-खण्डों को जब,
अप्सरियाँ मण्डन करती हैं
असमय सन्ध्या के भ्रम से तब।

उन्नत शृंगों की रशना सम
मेघों की छाया में रह कर,
जाते वर्षाभीत सिद्धजन
आतपमय शिखरों के ऊपर।

गजघाती सिंहों के जाते,
अंक जहाँ हिमधारा से धुल,
नख से बिखरी गजमुक्ता से
दिशि-इंगित पाता किरात-दल।

गज-शुण्डों पर लाल बिन्दु से
अंकित जिन पर लगते अक्षर,
विद्याधर - सुन्दरियाँ लिखतीं
प्रेम - पत्रिका भोजपत्र पर।

गुहा - मुखों से उठकर मारुत
करता वेणु - रन्ध्र सब सस्वर,
साथ दे रहा ज्यों गीतों का
गाते जिसे तार स्वर किन्नर।

जब मस्तक खुजलाते हैं गज,
देवदारु से संघर्षणरत;
उनसे बहकर क्षीर सुरभिमय
कर देता शिखरों को सुरभित।

दिवाभीत सा आश्रय पाता
रवि से दूर, गुहा में घन तम,
शरणागत क्षुद्रों को ममता,
देते हैं महान, सज्जन सम।

चलती हैं चमरी गायें भी
चन्द्रोज्ज्वल पूँछें चंचल कर,
पर्वतराज नाम को सार्थक
करतीं मानों चँवर डुलाकर।

गंगा-जल-कण-वाहक मारुत
बहता देवदारु कम्पित कर,
फहराता मयूर- पंखों को
मृगयारत किरात का श्रमहर।

उच्च सरों से लेने आते
नित सप्तर्षि कमल अर्चन हित,

शेष कंजदल जहाँ खिलाता
रवि अपनी किरणें कर उन्नत।

देख यज्ञ - सामग्री का घर
उसे धरा-धारण में सक्षम,
विधि ने उसे यज्ञभागी कर
दिया नगाधिप का पद उत्तम।

—कुमारसम्भव

संगम

सुतनु! देखो पुण्यसलिल-प्रवाहिनी अभिराम,
भिन्न जल को कर रहीं यमुना-तरंगें श्याम।

दृष्टिगत मुक्तावली सी है कहीं अवदात,
अन्तरित नीलम जिसे करते प्रभा से स्नात।

पुण्डरीकों से गुँथी ज्यों शुभ्र माला एक,
कर रहे चित्रित जिसे नीले सरोज अनेक।

मानसर-प्रिय हंसकुल की दे रही है भ्रान्ति,
पंक्ति में जिनकी मिले कलहंस धूमिल कान्ति।

श्वेत चन्दन-रचित भू-मुख का यथा शृंगार,
अगुरु-रेखा-चित्र करते श्यामता संचार।

शबल जिसको कर रहा है तिमिर छायालीन,
विमल विधु की विहँसती हो ज्यों विभा विस्तीर्ण।

शारदी सित मेघ का देती कहीं आभास,
झाँकता है रन्ध्र से जिसके सुनीलाकाश।

हो यथा शिवगात रंजितभूति उज्ज्वल रंग,
कर रहे जिसको अलंकृत असितवर्ण भुजंग।

—रघुवंश

शरद

मंजुल शरद वधू सी आयी!

फूले हुए काँस का अंशुक,
विकचित कमलों में मनोज्ञ मुख,
उन्मद हंस - स्वरों में नूपुर,
पके शालियों में नत उसकी
देह - यष्टि सब के मन भायी।

भू पर काँस निशा में शशधर,
नदी हंसमय, कुमुदोंमय सर,
सप्तपर्ण फूले हैं वन वन
उपवन में भर फुल्ल मालती
जग में उज्ज्वल दीप्ति बिछायी।

रशना रम्य मछलियाँ चंचल,
हार हुआ तट का सित खगकुल,
अब पुलिनान्तनितम्बनि मनहर
नदियाँ भी बहती हैं मन्थर
प्रमदा सी गति मन्द सुहायी।

रजत मृणाल शंख से उज्ज्वल,
जो हल्के हो गये बिना जल,
पवन वेग से शतशः उड़कर
मेघों ने, ज्यों किसी नृपति पर
चल चँवरों की शोभा पायी।

मेघों में सुरचाप न शोभित,
तडित् - पताका भी अन्तर्हित,

बगुले करते व्यजन न नभ पर,
अब न मयूर देखते उन्मुख
श्याम घटाओं की तुघराई।

शेफालिका-सुमनदल-सुरभित,
पक्षिकुलों के कलरव-मुखरित,
उत्पल दृग मृगियों से संकुल,
उपवन भी करते हैं, पुलकित,
छू कर मानस की गहराई।

लहराता है जहाँ शालिदल,
जहाँ स्वस्थ चरता है गो-कुल,
सारस-हंस-युग्म कलरव-रत,
उस भूतल ने जनमन में नित
सुख की एक हिलोर उठायी।

चन्द्र-तारिकाओं से चित्रित,
व्योम हुआ मेघों से विरहित,
राजहंस औ' विकच कुमुदयुत
मरकत-जल से पूर्ण सरोवर
की अब नभ ने समता पायी।

—ऋतुसंहार

विदा

आज विदा होगी शकुन्तला
सोच हृदय आता है भर-भर,
दृष्टि हुई धुँधली चिन्ता से
रुद्ध अश्रु से कण्ठ रुद्ध स्वर।

जब ममता से इतना विचलित
व्यथित हुआ वनवासी का मन,
तब दुहिता विछोह नूतन से
पाते कितनी व्यथा गृहीजन!

ग्रहण किया था कभी न जिसने
तुम्हें पिलाये बिना स्वयं जल,
मण्डनप्रिय होने पर भी जो
नहीं स्नेह से तोड़ सकी दल,

जन्म तुम्हारे नव मुकुलों का
जिसके हित होता था उत्सव,
वह शकुन्तला जाती पतिगृह
आज अनुज्ञा दो इसको सब।

जिसका कुश से विद्ध देख मुख
इंगुदि-तेल लगाया क्षत-हर,
सावाँ कण दे पाला सुत सम
खड़ा हरिण वह राह रोककर!

जिनसे उत्पक्ष्मण तेरे दृग
देख न पाते पथ नत-उन्नत,
धीरज धरकर अश्रु पोंछ ले
विषम-भूमि, हों चरण न विचलित।

कमल् वनों से हरित सरोवर
मिलें पन्थ में रम्यान्तर हों,
छाया सहित पन्थ के द्रुम भी
रवि-किरणों के आतपहर हों,

सरसिज के कोमल् पराग सा
मृदुल पन्थ का धूलि-निचय हो,
शान्त और अनुकूल पवन से
यह तेरा पथ मंगलमय हो।

—अभिज्ञानशाकुन्तल

राम

दलित उर को कर रहा है घोर दुख का वेग,
पर नहीं दो खण्ड हो जाता हृदय यह टूट।
शोक-मूर्च्छित हो रही है विकल मेरी देह,
चेतना से, किन्तु यह पाती नहीं है छूट।

दग्ध करता गात मेरा तीव्र अन्तर्दाह,
किन्तु उसको कर न पाता वह जलाकर क्षार।
नियति मेरे मर्म पर करती कठिन आघात
काटती है, किन्तु वह मेरा न जीवन - तार।

तोड़ संयम कष्टकर जो बह चली निर्बन्ध
क्षुब्ध होकर वेदना की यह सवेग तरंग,
फैलती है चेतना पर, ज्यों प्रचण्ड प्रवाह
वेग में दुर्वार करता सेतु सैकत भंग।

2

यत्नों के कारण जिसमें थे
विविध विनोद भाव भी सम्भव,
वीरों के संघर्ष जगाते
जगती में अद्भुत रस अभिनव।

मुग्धाक्षी का पूर्व विरह था
शत्रुनाश तक ही परिसीमित,
कैसे मूक विरह यह झेलूँ
जो निरुपाय, अवधि से विरहित।

जहाँ व्यर्थ सुग्रीव सख्य है
कपियों का भी व्यर्थ पराक्रम,
जाम्बवान की प्रज्ञा निष्फल
मारुति की गति नहीं जहाँ पर,

जहाँ विश्वकर्मा सुत नल भी
मार्ग बनाने में है अक्षम,
प्रिये! कहाँ हो, जहाँ पहुँचने
में अशक्त हैं लक्ष्मण के शर?

•

एक करुण रस ही निमित्त वश
विविध भाव में जाता है ढल,
ज्यों आवर्त्त वीचि बुद्‌बुद मैं,
परिवर्तित हो एक रहा जल।

—उत्तररामचरित

गीत

छाया सरस वसन्त विपिन में,
करते श्याम विहार!
युवति जनों के संग रास रच
करते श्याम विहार!

ललित लवंग लताएँ छूकर
बहता मलय समीर;
अलि-संकुल पिक के कूजन से
मुखरित कुंज-कुटीर;
विरहि - जनों के हित दुरन्त
इस ऋतुपति का संचार!
करते श्याम विहार!

जिनके उर में मदन जगाता
मदिर मनोरथ-भीर,
वे प्रोषितपतिकाएँ करतीं
करुण विलाप अधीर,
वकुल निराकुल ले सुमनों पर
अलिकुल का सम्भार!
करते श्याम विहार!

मृगमद के सौरभ सम सुरभित
नव पल्लवित तमाल;
तरुण जनों के मर्म विदारक
मनसिज नख से लाल—
किंशुक के तरुजाल कर रहे
फूलों से शृंगार!
करते श्याम विहार!

राजदण्ड स्वर्णिम मनसिज का
केशर - कुसुम - विकास
स्मर - तूणीर बना है पाटल
लेकर भ्रमर-विलास।
करता है ऋतुपति दिगन्त में
वासन्ती विस्तार!
करते श्याम विहार!

विगलित - लज्जा जग सहता है
तरुण करुण उपहास,
कुन्तमुखाकृतिमयी केतकी
फूल रही सोल्लास,
विरहिजनों के हृदय निकृन्तन
में जा है दुर्वार!
करते श्याम विहार!

ललित माधवी परिमल से,
मल्लिका-सुमन-अभिराम,
मुनियों का मन भी कर देता
यह ऋतुराज सकाम,
बन्धु अकारण यह तरुणों का
आकर्षण - आगार!
करते श्याम विहार!

भेंट लता अतिमुक्त, मंजरित
पुलकित विटप रसाल,
तट पर भरा हुआ यमुनाजल
रहा जिसे प्रक्षाल,
वह वृन्दावन पूत हो रहा
पा अभिषेक उदार!
करते श्याम विहार!

इसमें है श्रीकृष्ण - चरण की
मधु स्मृतियों का सार,
मधुर वसन्त - कथा में मन के
भाव मदन अनुसार;
श्री जयदेव रचित रचना यह
शब्दों में साकार!
करते श्याम विहार!

—गीतगोविन्द

□□□